西华大学校内人才引进项目"数字金融驱动经济增长的效应与机制研究"（w2420145）

余进韬◎著

数字金融的
经济增长效应及其机制研究

Research on the Economic Growth Effect of
Digital Finance and Its Mechanism

中国财经出版传媒集团
经济科学出版社
Economic Science Press
·北京·

图书在版编目（CIP）数据

数字金融的经济增长效应及其机制研究／余进韬著 .
北京：经济科学出版社，2024.12. -- ISBN 978 - 7
- 5218 - 4720 - 8

Ⅰ. F832 - 39

中国国家版本馆 CIP 数据核字第 2024SL0842 号

责任编辑：杜　鹏　武献杰　常家凤
责任校对：易　超
责任印制：邱　天

数字金融的经济增长效应及其机制研究

SHUZI JINRONG DE JINGJI ZENGZHANG XIAOYING JIQI JIZHI YANJIU

余进韬　著

经济科学出版社出版、发行　新华书店经销
社址：北京市海淀区阜成路甲 28 号　邮编：100142
编辑部电话：010 - 88191441　发行部电话：010 - 88191522
网址：www. esp. com. cn
电子邮箱：esp_bj@ 163. com
天猫网店：经济科学出版社旗舰店
网址：http://jjkxcbs. tmall. com
固安华明印业有限公司印装
710 × 1000　16 开　11.75 印张　180000 字
2024 年 12 月第 1 版　2024 年 12 月第 1 次印刷
ISBN 978 - 7 - 5218 - 4720 - 8　定价：99.00 元

序　言

随着中国经济驶入增长速度换挡期、结构调整阵痛期、前期刺激政策消化期的"三期叠加"阶段，如何加速新旧动能转换、持续优化经济结构、培育新的增长点是推动经济高质量发展的重点领域和关键环节。以新动能驱动中国经济增长离不开金融的支撑。金融作为实体经济的血脉，发挥着为实体经济造血、活血和输血的功能。数字金融作为新兴的金融模式，不仅是中央金融工作会议提出的做好数字金融"大文章"助力金融强国建设的重要组成部分，更是《中华人民共和国国民经济和社会发展第十四个五年规划和2035年远景目标纲要》提出"促进数字技术与实体经济深度融合，壮大经济发展新引擎"的实践创举。当前，数字金融以惊人的速度革新了传统金融的技术、模式与业态，以低成本、高效率、广覆盖的优势为经济主体提供了可持续的金融服务，弥补了传统金融的供给不足，缓解了金融资源错配，提升了金融体系运行效率，推动了普惠金融的发展，在驱动经济增长方面发挥出独特的优势。因此，深入理解数字金融的经济增长效应，系统剖析数字金融驱动经济增长的内在机制，对于破解当前中国经济"需求收缩、供给冲击、预期转弱"的困境有着重要的理论价值和现实意义。

　　本书聚焦于"数字金融"与"经济增长"两大当下热点话题，共分 8 个章节，从理论和实证的双重视角系统考察数字金融的经济增长效应及其机制。本书以典型事实为基础，以经济增长的三大因素为主线，构建了一个数字金融驱动经济增长的一般性理论分析框架，并采用地级市的面板数据识别二者之间的因果关系，剖析增长效应在结构、区域、普惠、监管、动态等纵横层面上的异质性，揭示数字金融驱动经济增长的资本渠道、劳动力渠道和全要素生产率渠道，探索数字金融放大经济增长范围的空间效应，从而为决策部门充分利用数字金融这一新工具来整合资源实现中国经济的腾飞提供政策参考。

　　本书的出版受到西华大学校内人才引进项目"数字金融驱动经济增长的效应与机制研究"（w2420145）的支持。感谢四川大学经济学院张蕊教授、西南财经大学经济学院柳春讲师、西华大学经济学院龚星宇讲师在本书写作中提供的建设性意见，这些宝贵意见极大地完善了本书的框架结构、理论基础与实证分析。

　　最后，想特别指出，数字金融虽然在促进和放大经济增长上具有独特的优势，但是同时也能够弱化地理和金融机构的边界，加速风险跨区传递，使得金融风险可以迅速扩散至整个金融系统。因此，将金融监管纳入考察框架就显得十分必要。在"守住不发生系统性金融风险的底线"下，如何设计中国金融监管体系平衡"稳增长"与"防风险"，是未来值得重点关注的问题。

余进韬

2024 年 12 月

目　录

第1章

绪　　论

1.1　研究背景与意义

1.1.1　研究背景

随着以人工智能、大数据技术、区块链等为代表的数字技术的兴起，人类社会经历了继互联网使用之后的又一次重要革命，其发展速度之快、辐射范围之广、影响程度之深前所未有，给中国经济带来了全方位的冲击，也标志着中国经济进入了数字经济的新时代。作为数字经济最为重要的组成部分，数字金融在中国经历了跨越式的发展，如今已渗透到中国经济社会的各个领域，成为重塑经济结构、改变竞争格局的关键力量。目前，中国数字金融的规模和技术都已走在了世界前列，以数字金融的重要代表支付宝为例，截至 2020 年 6 月，平台交易规模达到 118 万亿元，服务超过 10 亿用户和8000 万商家①，在服务实体经济上发挥着积极作用。党和政府一直以来都高度重视数字金融的发展和建设，正如习近平总书记特别指出，金融是国家核心竞争力，以数字技术赋能金融创新，强健实体经济血脉。2021 年政府工作报告进一步提出，提高数字金融应用能力和场景，更好赋能经济发展、丰富

---

① 来自《蚂蚁科技集团股份有限公司首次公开发行股票并在科创板上市招股意向书》。

人民生活。因此，继续做强做优做大数字金融意义重大。

与此同时，中国经济已进入 21 世纪的第三个 10 年，所面临的发展环境也变得更加深刻复杂。从外部环境来看，世界经济与政治环境的急剧变化，逆全球化趋势汹涌，增添了中国经济增长中的不稳定性和不确定性；从内部环境来看，人口红利逐渐消失，要素驱动型粗放增长难以为继。在内外部环境复杂变化的过程中，中国经济驶入了增长速度换挡期、结构调整阵痛期、前期刺激政策消化期的"三期叠加"阶段，如何加速新旧动能转换、持续优化经济结构、培育新的增长点，从而应对新发展格局下的新矛盾、新要求和新挑战，稳中求进地向高质量发展迈进，是完成全面建成小康社会的百年奋斗目标、进而实现社会主义现代化的 2035 年远景目标不可或缺的重点领域和关键环节。

以新动能驱动中国经济增长离不开金融的支撑。"金融活经济活，金融稳经济稳"，金融作为实体经济的血脉，发挥着为实体经济造血、活血和输血的功能。创新直达实体经济的金融模式，不但有助于构建现代化金融体系、深化金融供给侧改革，还能畅通实体经济金融血脉，实现经济增长的提质增效，而新兴的数字金融被寄予了厚望。数字金融不仅是中央金融工作会议提出的做好数字金融"大文章"、助力金融强国建设的重要组成部分，更是《中华人民共和国国民经济和社会发展第十四个五年规划和 2035 年远景目标纲要》提出"促进数字技术与实体经济深度融合，壮大经济发展新引擎"的应有之义。借助于数字技术的赋能，数字金融催生出金融服务的新技术、新模式、新业态，持续改变着我们的生活方式和生产方式，不断提升着经济活动效率，影响着经济社会的方方面面，正在成为中国经济发展的新引擎（张勋等，2021）。

作为数字技术与金融服务的有机结合体，数字金融在促进、放大和倍增经济增长上发挥出独特的优势。首先，数字金融突破了金融服务对于物理网点的束缚，摆脱了风险评估对于征信记录和抵押担保的依赖，从而延展了金融服务的触达范围，提升了信贷可得性，弥补了传统金融的供给不足；其次，数字金融作为技术驱动型金融创新，能够依靠数字技术挖掘多维度多层次的信息来满足金融业处理海量信息的需要，从而降低了信息搜寻、处理和验证成本，有效克服了信息不对称，缓解了金融资源错配，提升了金融供给质量；再次，数字金融提升了金融机构处理交易的速度，尤其是支付系统的革命颠覆了支付方式、缩短了结算链条，使得金融服务能够便捷地被应用到更广阔的场景，从而加速了流通与交换速度，并最终提升了金融运行效率；最后，数字金融让被正规金融服务排斥在外的长尾群体能够享受到同样的金融资源，推动了普惠金融的发展。可以看到，数字金融激发了市场主体的活力、重塑了经济增长的动能，正在成为实现中国经济质量变革、效率变革、动力变革的关键力量。

基于上述背景，深入理解数字金融的经济增长效应、系统剖析数字金融与经济增长的内在机制就显得十分重要。数字金融对经济增长的影响程度到底如何？因果关系如何处理？传导渠道又是怎样？数字金融的经济增长效应是否还存在结构、区域、普惠、监管、动态等纵横层面上的异质性？影响效应是否还会进一步因数字金融的网络外部性形成空间上的溢出？本书将从理论分析和实证检验两个层面来回答上述问题。

1.1.2　研究意义

（1）理论意义。数字金融作为"十四五"规划提出的打造数字经济新优势的最重要组成部分，同时也是构建现代金融体系的重要内容，但其理论体系构建却远远落后于其应用实践。一方面，本书以经济增长的三大因素为主线，深入剖析了数字金融影响经济增长的资本渠道、劳动力渠道和全要素生产率渠道，系统揭示了两者之间的内在机理，从而形成了一个数字金融影响经济增长的较为完整的理论分析框架，厘清了"数字金融—经济增长"在宏观层面的理论逻辑；另一方面，本书弥补了已有研究仅从某单一个视角探索数字金融对经济增长的影响导致的分析视角的系统性和综合性的缺位，对数字金融功能领域的理论体系形成了有益的补充和拓展，深化了数字金融赋能经济增长的内在机制的理解，为决策部门充分利用数字金融这一新工具来整合各项资源，实现中国经济的增长、腾飞和突破提供了理论路径。

（2）现实意义。做大做优做强数字金融不但有助于构建现代化金融体系、畅通实体经济的金融血脉，还能培育经济增长的新动能，占据未来数字经济竞争制高点。本书的研究结论为数字金融更好地赋能经济增长提供了有益的政策参考：第一，深入揭示了数字金融影响经济增长的传导渠道，为完善数字金融政策设计，进而利用数字金融精准有效地赋能经济增长提供了具体的路径指导；第二，拓展了异质性分析的纵横深度，有助于对数字金融的经济增长效应作出更有针对性的科学评估，尤其是深入剖析了数字金融影响经济增长的结构效应、动态效应、普惠效应、监管效应，为结构性驱动我国经济持续增长，改善我国不平衡、不充分发展局面，实现稳增长与防风险的长期均衡提供了新的思路和政策参考；第三，空间效应部分的分析拓展了数字金融赋能经济增长的受益范围，为决策部门充分利用数字金融这一新工具来放大和倍增经济增长的效果，进而实现跨地区的分工与合作、构建区域间协调发展的格局提供了新的政策视角。

1.2　文献综述

1.2.1　经济增长的影响因素

对于经济增长影响因素的系统性考察最早可追溯到《国富论》，在这本划时代的著作中，亚当·斯密（Adam Smith，1776）将经济增长的主要因素归结于劳动分工。自此，经济增长影响因素的研究拉开了帷幕。无论是亚当·斯密的劳动分工理论、马尔萨斯（Malthus，1798）的人口理论、李嘉图（Ricardo，1817）的比较优势理论、马克思（Marx，1885）的再生产理论，还是杨格（Young，1928）的规模报酬理论、熊彼特（Schumpete，1911）的创新理论，都为现代经济增长理论提供了基本要素。现代经济增长理论的起点可以追溯至拉姆齐（Ramsey，1928）的经典文章，该文章提出的跨期家庭最优模型深刻改变了经济增长中的研究方法。索洛和斯旺（Solow and Swan，1956）通过假设资本和劳动的替代关系，回应了哈罗德－多马模型中经济系统不稳定问题。卢卡斯（Lucas，1988）通过内生化技术进步增进了人们对于长期经济增长的理解。可以看出，大量的学者对此领域进行了广泛而又深入的研究，从不同的角度得出了不同的结论。

一部分学者认为，资本积累、劳动力投入和全要素生产率是影响经济增长的关键因素。从资本的角度来看，资本作为实现经济增长至关重要的路径，在经济增长中的基础性作用尤其值得重视。汤向俊（2006）研究发现，1978～2003 年中国经济增长的主要贡献因素来自物资资本积累。杨先明和秦开强（2015）进一步比较了 20 国集团（G20）的资本边际产出趋势发现，资本积累对于各国的经济增长贡献巨大，对于当前中国而言，强调资本积累对于经济增长的重要性仍然是十分必要的，加快资本积累是促进中国经济增长的可持续手段和重要任务。从中国经验事实的视角出发，已有研究的基本共识是，虽然不同测算方法下资本贡献程度存在一定差异，但是改革开放以来，资本在经济增长中的贡献率远远高于劳动力和全要素生产率，是中国经济增长的第一推动力，并且资本在经济增长中的贡献地位十分稳定（朱子云，2017）。

从劳动力的角度来看，充足的劳动力数量是中国经济增长的必要条件，劳动力投入质量（人力资本）是中国经济增长的重要推动力量。从中国的经验事实来看，劳动力对于经济增长的贡献呈现出如下特点：第一，劳动力对增长的贡献率低于其他两种要素，排在资本和全要素生产率之后（余泳泽，2015）；程名望等（2019）同时考虑了劳动力"量"和"质"的变化，将人力资本积累纳入劳动力范畴后发现，1978～2015 年劳动力对中国经济增长的贡献为 8.56%，也远远低于其他要素的贡献率。虽然劳动力对于经济增长的贡献率不及资本和全要素生产率，但仍是中国经济增长不可或缺的重要力量。汪小勤和汪红梅（2007）认为人口红利是中国经济增长奇迹的重要因素，但是人口红利在式微。蔡昉（2010）也作出了同样的判断，认为需要创造第二次人口红利。

从全要素生产率的角度来看，新古典主义增长理论认为，在要素边际产出递减的制约下，长期经济增长只有通过提升全要素生产率来实现。内生增长理论也将全要素生产率视作区域收入与增长差异的重要来源。从经验事实上看，郭庆旺和贾俊雪（2005）利用索洛残差法估算 1979～2004 年中国全要素生产率贡献率仅为 9.46%。徐现祥和舒元（2009）利用对偶法核算发现，1979～2004 年中国全要素生产率贡献率约为 25%。宋冬林等（2011）

基于内生增长模型考察了 1981~2007 年资本体现式技术进步的贡献率约为 10.6%。余泳泽（2015）采用随机前沿模型测算的 1979~2012 年中国全要素生产率贡献率为 10%~20%。程名望等（2019）利用 1978~2015 年 31 个省份的数据测算了市场潜能、资本、劳动和全要素生产率对中国经济增长的贡献，研究发现，资本和劳动的"汗水"因素并不是中国"增长奇迹"的主要贡献，市场潜能和全要素生产率的"灵感"因素才是中国经济增长的主要动力，同时还发现，中国经济增长由高投入和高效率双轮驱动变得越来越依赖于效率型增长，从而有力驳斥了"克鲁格曼（Krugman）质疑"。陈朴等（2021）通过构建动态一般均衡模型并以此定量分析了中国经济过去 20 年的主要推动力发现，生产率冲击和投资冲击是影响中国经济增长最重要的因素。

一部分学者认为，自然资源是影响经济增长的一个重要因素，但会对经济增长产生正反两方面的影响：一方面，丰裕的自然资源为资本积累提供了坚实的基础（姚洋，2018）；另一方面，自然资源可能会对经济增长形成"诅咒"，即自然资源相对丰裕的国家的经济增长反而会比自然资源相对贫乏的国家慢。为何自然资源会对经济增长形成"诅咒"？主要可以归结为如下几个原因：其一，一国对于自然资源的过度依赖可能导致其他产业出现萎缩，制造业被更多资源优势的初级产业挤出，制造业的竞争力大幅削弱，萨克斯和瓦尔纳（Sachs and Warner, 1995）使用荷兰病增长模型来解释该现象；其二，丰富的自然资源容易滋生腐败行为，形成强势利益集团，扭曲了资源的投向（Mauro, 1995），从而阻碍经济增长；其三，丰富的自然资源更容易吸引潜在的人力资本和创新者流入资源部门，挤出了研发部门的创新行为（Gylfason, 2001），而创新是影响经济增长的关键因素。

还有一部分学者认为，研究中国经济增长不能忽视增长背后的制度和文化因素。其中，刘元春（2003）研究发现，中国经济"增长奇迹"一方面得益于渐进式经济制度改革，另一方面得益于二元经济转型释放的产业红利。李富强等（2006）研究发现，制度不仅能直接影响经济增长，还能够通过影响物质资本和人力资本的渠道间接影响经济增长，产权保护对转型期的中国经济增长的制度贡献是最大的，较强的产权保护不但有助于克服短期技术困境，还可以促进长期经济增长。都阳等（2014）探究了户籍制度改革对中国经济带来的深远影响，研究发现，深化户籍制度改革有助于收获劳动力流动和全要素生产率提升的红利。文化作为一种影响行为主体的经济选择，进而作用于经济增长的主观精神力量（李永刚，2013），因不如资本、劳动和技术的增长效应那么直接和明显，往往受到学者忽视。陈宪和韩太祥（2008）指出，文化对经济增长的潜在影响至少可以通过如下三条渠道来实现：微观层面上，文化通过影响企业家的决策与战略进而影响企业生产；宏观层面上，作为知识资产进入生产函数，进而影响增长路径；文化与经济融合和演化，作用于经济增长模式。

1.2.2 数字金融的功能

（1）缓解信息不对称。数字金融的蓬勃发展得益于数字技术的赋能，数字技术在克服信息不对称上发挥着重要作用。在信贷市场上，借贷双方的信息程度并不对称，放款人的放贷行为格外看重借款人的财务等信息，并以此作为放贷决策的重要依据，而数字金融内嵌的大数据、机器学习等新一代数字技术有助于充分挖掘借款候选人的手机账单、数字足迹、保险记录等多维信息，降低了放贷决策对于单一财务信息的过度依赖，数据与信息的充分挖掘有效降低了借贷双方的信息不对称问题，精准衔接了金融服务的供给与需求，改善了金融服务的可得性和便利性。林等（Lin et al.，2013）研究发现，信贷公司综合考虑借款者的社会网络信息将极大降低借方的事后违约率。菲利蓬（Philippon，2019）研究发现，信贷公司在利用传统财务信息进行审批的同时，还会利用机器学习的手段充分提取借款者的社交数据、购物账单等非财务信息辅助审批，从而起到减弱信息不对称的作用。

在资本市场上，数字金融降低信息不对称的功能同样不容忽视。哈杰克和亨尼克斯（Hajek and Henriques，2017）研究发现，数字金融中内嵌的机器学习等算法有助于处理金融市场的复杂信息，帮助投资者提升预测市场变化的能力。除此之外，数字金融还具备识别财务作弊的优势，通过其独特的大数据方法对用户精准画像，有效地克服了信息不对称，从而降低股东因信息劣势可能受到的利益侵害，也保护了投资者的权益，起到了构建市场信任环境的作用。

（2）降低交易成本。首先，数字金融降低了信息搜寻成本。萨克（Thakor，2020）指出：数字金融一方面能够借助大数据技术充分使用共享信息、缩小借款候选人的信息集；另一方面能够在数据搜集上形成规模经济，从而有效地降低交易参与者的信息搜寻成本。李春涛等（2020）也指出，数字金融深化了数字技术与金融服务的融合，加快了供需双方的有效匹配和精准衔接，降低了交易双方信息搜寻的成本。

其次，数字金融降低了信息处理成本。数字技术与金融服务的深入融合提升了海量信息的处理效率，强化资金的精确匹配，从而更有效地识别和预测潜在的对象和市场，大大降低了处理信息的成本。乔-王和森（Joe-Wang and Sen，2018）研究发现，数字技术的广泛应用改变了金融业的信息环境：一方面加速了信息记录系统的构建和关联，减少了信息验证的费用；另一方面提升了数据收集和整理的速度，减少了风险评估的成本。贝多广（2017）指出，传统信贷的单笔操作成本高达2000元，在数字金融的环境下，该成本大幅下降到2.3元，大大降低了交易环节的费用。福斯特等（Fuster et al.，2019）发现，数字金融将贷款审核和发放的时间由传统条件下的一周左右压缩至短短3秒内，降低了其中的人为干预，节省了传统信贷条件下的隐性支出。相比于传统金融模式，数字金融拓展业务的边际成本接近于零，其内嵌的人工智能等技术还可以动态追踪借款者的信用水平变化，有效地降低了金融机构的风控成本。

（3）提升运行效率。首先，数字金融对支付方式和支付系统产生了颠覆性的影响，将物理网点的业务转移到移动终端，将现金支付革新为扫码支付，大大缩短了支付链条，提升了支付的便利性和金融服务的便捷性，加速了流通与交换效率。谢平和刘海二（2013）较早注意到了数字金融对支付的影响，他们认为：数字金融一方面能形成网络规模效应，凸显移动支付的重要价值，降低人们对现金的需求；另一方面使得电子货币的范围扩张。易行健和周利（2018）研究发现，数字金融可以通过缩短购物时间带来支付上便利性，降低了购物成本。张勋等（2020）同样通过研究发现，数字金融通过提供支付上的便利，使得现金限制大大下降。

其次，数字金融驱动了中国商业银行效率的提升。中国金融体系的主导力量是银行，数字金融的飞速发展在给传统商业银行施加竞争压力的同时也创造出变革的动力。从竞争效应来看，数字金融公司会对传统金融机构的业务带来竞争和挤压，从而倒逼银行体系转型和改革（戴国强和方鹏飞，2014）。李建军和姜世超（2021）研究发现，商业银行使用金融科技不但可以提高银行财务绩效，还能推动金融服务的包容性增长。杨望等（2020）研究发现，金融科技有助于驱动商业银行转型、提升银行效率。但是也有部分学者认为，数字金融吸纳了部分属于商业银行的小客户群体，挤压了传统银行的利润空间，降低了商业银行的业绩（万佳彧等，2020；熊健等，2021）。从技术外溢效应来看，伯格（Berger，2003）指出，互联网技术的革新能够丰富银行服务的类型、提升服务质量。沈悦和郭品（2015）研究发现，互联网金融显著提升了商业银行的全要素生产率，这种提升效应主要通过互联网金融的技术溢出来实现，且提升程度存在异质性，股份制商业银行要大于大型国有银行。福斯特等（2019）的经典研究指出，数字金融提升了贷款审核和发放的速度，降低了其中的人为干预，从而提升了金融机构的处理效率。宋敏等（2021）指出，在当前中国的金融体系下，从事信贷业务的金融科技企业十分有限，因而金融科技对商业银行效率的影响主要是通过技术外溢来实现金融机构变革和金融模式创新。张蕊和余进韬（2021）进一步指出，数字金融快速的审批过程有助于缩短贷款者的申请时间，压缩审贷过程中的寻租空间，从而起到提升交易效率、优化营商环境的作用。数字金融同时也对传统金融形成了竞争压力并提出了新的要求，主要聚焦在：第一，数字金融提升了金融服务的效率，降低了线下业务的成本，高效率、低成本成为了数字金融的核心要素；第二，数字金融只有深度嵌入至其他产业中，与之不断融合，才能充分释放其服务实体经济的能力；第三，数字金融重构了传统的信用体系，越来越多的信贷评估依赖于大数据的应用；第四，数字金融能够充分挖掘客户的偏好，使得大规模的金融服务量身定制成为了可能。

最后，数字金融提升了微观企业和金融行业的效率。陈中飞和江康奇（2021）基于上市企业的数据发现，数字金融可以通过提升企业销售收入和降低传统金融低效率的负面影响的渠道来提升企业全要素生产率，但是长期看来，提升效应呈现动态衰减的特征。廖凯诚等（2022）研究发现，数字金融的使用深度能够通过推动金融业创新、加快技术转让与技术溢出、改变金融业竞争格局来提升金融业全要素生产率。

（4）推动金融普惠。当前，实现金融普惠已成为全球金融发展的一个共识，但在具体实践中，却往往受到传统技术的限制。一系列的研究表明，数字金融在促进普惠金融、推动金融普惠上扮演着重要的作用。数字金融以低成本、高效率、广覆盖的金融服务惠及被传统金融排斥在外的长尾群体，降低了信贷约束和融资成本，促进数字红利的共享，从而推动金融的普惠性发展。宋晓玲（2017）利用省级面板数据发现，数字金融能够缩小城乡收入差距。谢绚丽等（2018）研究发现，数字金融能够显著地促进创业，这种提升效应在不发达地区和小微企业要强于发达地区和大中型企业，这表明数字金融能够发挥促进地区平衡发展和缓解小微企业融资约束的普惠功能。傅秋子和黄益平（2018）发现，数字金融有助于减少农村生产性正规金融需求，增加消费性金融需求。张勋等（2019）通过将北京大学中国数字普惠金融指数与中国家庭追踪调查数据结合开展研究，提供了数字金融影响居民收入的微观证据，研究发现，数字金融成为了欠发达地区追赶发达地区的后发优势，同时，数字金融对于农村居民的收入增长效应要强于城镇居民，从而实现包容性增长，这显示出数字金融的普惠性质。潘爽等（2021）利用城市创新的数据对数字金融的普惠特征进行了检验，研究发现，数字金融有助于缩小中小城市和大城市之间的创新鸿沟。肖威（2021）研究发现，数字金融能够缩小区域经济发展水平的差距，从而起到改善我国经济发展不充分不平衡的作用。傅利福等（2021）利用邦费罗尼（Bonferroni）曲线测度了省级包容性增长指数，实证发现数字金融发展显著促进包容性增长。

1.2.3 金融发展与经济增长

数字技术的兴起并未改变数字金融的核心属性，技术只不过是手段，数字金融的本质还是金融，仍遵循金融的基本规律，无论其形态如何变化，服务实体经济、促进经济增长仍然是金融的重要功能和使命。因此，金融发展与经济增长关系的文献将为本书提供借鉴，本书将重点关注此支文献，分别从理论研究和实证研究两类文献进行梳理。

自从现代意义上的银行诞生以来，经济学家就在思考，金融在经济增长中到底扮演着怎样的角色。在结构主义主导发展经济学的早期研究中，金融在经济增长中的作用一直处于被忽视的地位，仅被当作是实现工业化和资本积累的附属手段而处于附属地位。进入 20 世纪 60 年代以后，随着新古典主义的发展思路对结构主义发展思路的取代，如何有效利用金融中介、金融市场和金融政策合理有效地调动金融资源、实现经济持续发展成为了经济学研究的经典议题，格利和肖（Gurley and Shaw，1955）的经典文献开辟了金融发展理论的先河，肯定了金融在经济发展中的积极促进作用。戈德史密斯（Goldsmith，1969）进一步强调了金融结构的重要性，认为金融工具和金融机构加速了投资储蓄的分离，促进了资本形成，从而促进经济增长。麦金农和肖（McKinnon and Shaw，1973）将金融发展理论延伸至发展中国家，提出了金融深化理论，认为发展中国家的信贷资源的走向受到了政府偏好强烈影响，政府对于金融活动的严格监管扭曲了价格这一反映资金供需的市场信号，使得金融机构和金融工具难以有效地发挥金融资源的配置作用，损害了金融赋能经济增长的功能，而经济增长速度的衰退反过来也制约了金融的发展。解决金融抑制的关键在于深化金融在经济增长的功能，通过适当的金融改革放松过多的金融管制，解除金融抑制，推动金融自由化，从而实现金融发展与经济增长之间良性互动。肖（1989）进一步认为金融深化可以分为三个层次的动态演进：首先是金融规模的逐渐扩大，其次是金融机构与金融工具的增加和优化，最后是金融制度的不断完善和健全。

但是，也有学者对金融在经济增长中的积极作用持有不同看法，卢卡斯（1988）认为金融的作用被过度渲染和夸大，金融不过是经济增长过程中的被动随从，是经济增长的结果。进入 20 世纪 90 年代以后，随着内生增长理论的兴起，学者们开始在内生增长的框架下探讨金融体系在经济增长中扮演的角色，一个代表性的文献是莱文（Levine，2005）的研究发现金融体系有效缓解了企业融资约束，进而促进经济增长。整体来说，金融与经济增长之间的关系尽管存在一定的争议，但是更多的研究还是对金融发展促进经济增长的结论持肯定态度（Aghion and Howitt，2009）。

相较理论研究，金融与经济增长关系的实证研究则更加丰富。在麦金农和肖提出金融深化理论后，众多学者对上述主题进行了经验层面的实证分析，金和莱文（King and Levine，1993）的经典文献是这一时期的代表性研究，两位学者发现，金融深化促进了资源配置效率的提升，进而积极作用于经济增长。巴特勒和科尔纳贾（Butler and Cornaggia，2011）的研究也发现了同样的结论，肯定了金融深化的经济增长效应。默顿和博迪（Merton and Bodie，1995）的研究从另一个视角解释了金融深化影响经济增长的渠道，认为金融深化降低了交易成本、增强了流动性，从而促进了投资，并最终推动经济增长。

在国内金融与经济增长关系的实证研究中，大量的文献是从金融深化的视角从发来考察金融对经济增长影响的。卢峰和姚洋（2004）利用信贷总额占 GDP 的比重来衡量金融深化，实证考察了金融深化与经济增长的关系，发现两者之间没有统计上的显著性。张军和金煜（2005）认为单纯地用信贷总额占 GDP 的比重来测度金融深化，忽视了国有部门的低效贷款，显然不恰当，进而利用剥离国有部门贷款后的信贷占 GDP 的比重来刻画金融深化，研究发现，金融深化显著地提升了全要素生产率，这种促进效应同时还存在着沿海和内陆的区域差异。武志（2010）通过区分金融数量扩张和金融效率提升分别考察了金融增长和金融发展对经济增长的影响，发现两者均显著地促进了经济增长。

随着研究的深入，有不少学者尝试着从金融宽化的视角来考察金融对经济增长的影响。金融宽化的概念最早由贝克等（Beck et al.，2007）提出，泛指金融服务获得渠道的程度。贝克和德米古克－康特（Beck and Demirguc-Kunt，2008）进一步对金融宽化构建理论模型，在此基础上实证考察了金融宽化对经济增长的影响，研究发现，金融宽化改善了资源配置、提升了企业生产率，进而起到促进经济增长的作用。辛格等（Singh et al.，2010）研究发现，金融服务渠道的完善有助缩小收入差距，从而肯定了金融宽化在经济增长中的重要作用。

1.2.4 数字金融对经济增长的影响

长期以来，中国经济增长依赖于投资驱动，政府干预程度较高，金融抑制程度高于同时期的转型经济体（Huang and Ge, 2019）。抑制性的金融政策形成了中国金融体系两个突出的特点：一是中国金融部门的规模庞大，但是市场机制的空间狭小；二是中国的金融体系银行主导的传统金融体系更偏好向国有企业、大型企业提供金融服务。这样的后果是，民营企业、小微企业的资金需求难以满足，融资难、融资贵的困境成为制约民营企业、小微企业发展空间的最大障碍。数字金融的一大主要功能就是推动金融普惠，通过突破物理网点和人工服务的束缚拓展金融服务的覆盖范围，通过克服银行信贷对于征信记录和抵押担保的依赖降低金融服务的成本，通过大数据风控方法对用户精准画像来降低信息不对称、提升金融机构的风险管控能力，从而以广覆盖、低成本、高效率的金融服务让被传统金融机构排斥在外的民营企业、小微企业能够享受同样的金融服务。数字金融的这些突出优势必然会给经济增长带来重要影响。

目前，大量文献将研究的重点聚焦于数字金融与收入差距的关系上，并进行了广泛而深入的讨论，同时也有一部分关注到数字金融对经济增长的影响。张勋等（2019）的研究是较早利用中国家庭追踪调查的微观数据考察数字金融对居民收入影响的文献，研究发现，数字金融的经济增长效应在农村要强于城镇，表明数字金融的普惠性有助于实现包容性增长，进一步的机制研究发现，创业是数字金融赋能包容性增长的重要渠道。汪亚楠等（2020）研究发现，数字金融能够通过促进创新研发来提振实体经济，防止经济"脱实入虚"，提振效应在东部其余要强于中西部地区。钱海章等（2020）利用省级层面的数据从宏观层面开展研究，发现数字金融显著地促进了经济增长，这种增长效应在高物质资本和低城镇化率的地区要强于低物资资本和高城镇化率的地区。滕磊和马德功（2020）利用省级面板数据研究了数字金融对高质量发展的影响发现，数字金融通过缓解融资约束、促进区域协调发展的渠道来推动经济高质量发展。肖威（2021）研究发现，数字金融显著地促进了经济增长，但增长效应在从高经济发展水平区域到低经济发展水平区域呈递减趋势，表明数字金融能够缩小经济发展水平的差距，进一步的区域异质性表明，数字金融还能够降低东西部地区的发展差距，从而起到改善我国经济发展不充分不平衡的作用。周芸和陈铭翔（2021）研究发现，数字金融比传统普惠金融更能促进财富增长，但促进效应在一定程度上受到了数字鸿沟大小的影响和区域异质性的影响。张勋等（2021）研究发现，数字鸿沟扩大了居民收入差距与消费不平等，数字金融的出现显著抑制了数字鸿沟，并且同时提升了中国家庭的收入和消费，进一步的异质性分析发现，收入增长效应对互联网触达范围之外的家庭更加明显。傅利福等（2021）利用邦费罗尼曲线测度了省级包容性增长指数，实证发现数字金融发展显著促进包容性增长，促进效应存在区域、城镇化水平的异质性。

数字金融对经济增长的影响并非总是积极的，也可能因为潜在的技术操作、法律制度的不完善、平台流动性危机等因素形成新的风险，使得数字金融无法有效服务实体经济。中国数字金融能够处于全球前列，得益于技术领先优势，同时也离不开发展初期宽松的监管环境（黄益平和陶坤玉，2019）。这给数字金融的飞速发展提供了空间，也暴露出金融监管体系不健全的问题。特别地，数字金融与生俱来的空间无界性能够弱化地理、区域和金融机构的边界，加之网络外部性带来的放大效应和外溢效应，加速了风险跨区传递，使得金融风险可以迅速扩散至整个金融系统，影响金融市场稳定性。因此，充分发挥数字金融的赋能作用离不开合理的金融监管，有效的金融监管有助于强化数字金融的精准供给、提升企业的数字金融的使用深度、促进数字金融行业有序发展（唐松等，2020）。目前对于数字金融的监管准则尚缺乏统一的标准，黄益平（2017）认为，应提升数字金融的监管的信息化和科技性，进而有效平衡数字金融的赋能与风险，并提出了沙盒监管的政策建议。吴善东（2019）认为，数字金融的监管应以保护消费者和投资者权益为前提，监管重点应放在防范技术风险上面，监管方向应同时考虑到合规与创新。孙友晋和王思轩（2020）认为数字金融的监管思路应强化监管手段的科技应用和监管过程的数据收集，通过打造嵌入式结算工具进行深入介入，以信息共享来促进监管机构的合作与联动。张勋等（2021）认为，数字金融的监管要把握两个主要方向：一是在防范风险的同时能够包容金融创新，可借鉴监管沙盒的模式实行科技监管；二是保持监管的一致性，重视《新巴塞尔资本协议》的标准和实施。

目前文献对于影响渠道的切入视角也各不相同，本书通过对影响渠道分类评述进行文献综述。具体而言，数字金融主要从如下五个方面来促进经济增长。

第一，数字金融促进了创新创业，进而促进经济增长。从数字金融的创新效应来看，首先，从企业层面看，创新活动的开展离不开资金的支持，然而创新又是一个周期长获利慢的过程，企业尤其是中小企业开展创新时往往会面临融资约束的困境。数字金融内嵌的数字技术有效地克服了信息不对称，延伸了金融覆盖面，精准衔接了金融资源的供需，降低了信贷歧视与融资门槛，为创新活动最为活跃的中小企业开展创新提供了资金支持，从而有效破除了融资难题。梁榜和张建华（2019）研究发现，数字金融显著地激励了企业的创新行为，这种激励效应在规模更小和民营的中小企业中显现得更加强烈和显著。李春涛等（2020）研究了金融科技与企业创新的关系发现，金融科技通过增加税收返还、破解融资困境的渠道促进了企业创新。唐松等（2020）利用上市公司的数据探究了数字金融影响技术创新的内在机制，研究发现，数字金融通过纠错配、增融资、去杠杆的渠道激励企业技术创新，这种激励效应在较强的金融监管下更加明显。其次，从行业层面来看，一方面，数字金融能够发挥"鲶鱼效应"，其推动的金融模式创新带来了多样化的金融产品和多元化的金融服务（Beck et al.，2016）；另一方面，数字金融能够在金融市场上发挥"联系效应"，推动传统金融机构主动吸收和引入数字技术，从而促进金融产品和服务的数字化创新（王勋等，2021）。最后，从区域层面来看，数字金融提高了资源流通效率，促进了技术、信息和知识的流动与融合，从而激发了区域创新能力。聂秀华等（2021）利用省级面板数据考察了数字金融的区域技术创新效应，研究发现，数字金融显著激励了技术创新，但是激励效应在制度环境、人力资本和金融发展水平上存在着门限效应。从数字金融的创业效应来看，谢绚丽等（2018）是较早注意到数字金融能够促进创业活动的学者，她们发现数字金融的创业促进效应在小微企业和不发达地区的作用效果更大。冯永琦和蔡嘉慧（2021）同样发现了数字金融存在显著的创业效应，并进一步指出该效应在不同区域、不同产业间存在异质性特征。但是，林瑶鹏等（2022）发现数字金融抑制了流动人口的创业行为，原因在于数字金融扩大了非创业行为的增收渠道。

第二，数字金融提升了全要素生产率，而全要素生产率是经济增长的动力源泉。首先，从企业层面来看，宋敏等（2021）研究发现，数字金融通过缓解融资约束和提升信贷配置效率，进而提升企业全要素生产率。陈中飞和江康奇（2021）基于上市企业的数据发现，数字金融可以通过提升企业销售收入和降低传统金融低效率的负面影响的渠道来提升企业全要素生产率，但是长期看来，提升效应呈现动态衰减的特征。其次，从行业层面来看，廖凯诚等（2022）研究发现，数字金融的使用深度能够通过推动金融业创新、加快技术转让与技术溢出、改变金融业竞争格局来提升金融业全要素生产率。最后，从区域层面来看，唐松等（2019）研究发现，金融科技创新通过降低信息不对称程度、催生金融新技术与新模式的渠道提升了全要素生产率，进一步，这种影响还存在空间溢出效应，即金融科技创新不但能提升本地区全要素生产率，还能带动邻近地区全要素生产率的提升。侯层和李北伟（2020）发现，省级层面的数字普惠金融能够通过激发技术创新、推动产业结构转型的渠道来提升全要素生产率。

第三，数字金融促进了消费，而消费在经济增长中发挥着基础性作用。中国的消费水平在全球范围，尤其是大型经济体中都处于偏低的状态。究其原因，一方面受到住房、养老等体制上的影响，另一方面在于中国金融市场的不完善。数字金融在提升消费水平，升级消费结构上发挥出积极作用。易行健和周利（2018）将数字普惠金融指数与中国家庭追踪调查数据结合，研究发现，数字金融通过缓解流动性约束和释放支付便利来促进消费。张勋等（2020）同样发现，数字金融显著地促进了消费，但放松流动性约束的渠道在统计上并不显著，数字金融主要是通过提升支付便利性来释放居民消费潜力的。何宗樾和宋旭光（2020）研究发现，数字金融通过提升支付便利性、增加可支配收入、降低不确定性的渠道提升居民消费水平，而对于消费结构而言，数字金融显著提升了基础型消费，对发展型和享受型消费的提升作用则不明显。江红莉和蒋鹏程（2020）指出，数字保险业务有效降低了消费者的预防性储蓄动机，使得居民完成了愿意消费的质变。孙玉环等（2021）利用大连市入户调查的微观数据研究发现，数字金融显著促进了居民消费，促进效应对城镇中心区居民、中低收入家庭、高学历居民更加明显。杨伟明等（2021）发现，数字金融能够释放城市居民的消费潜力，促进消费升级，升级效应在数字金融三个子维度上也显著成立。龙海明等（2022）研究发现，教育程度和收入水平加剧了主流群体和弱势群体的消费差距，由此形成数字鸿沟，家庭风险态度和网络基础设施是弱势群体无法享受数字红利的重要原因。

第四，数字金融促进了投资，进而促进经济增长。一方面，数字金融监管的增强降低了金融欺诈行为，增加了数字金融的安全性，促进了大众对于数字金融的使用意愿，同时，数字金融创新和丰富了金融产品和金融服务，通过提供新型金融账户吸引了大量的用户，有效地吸纳社会闲散金融资源（邱晗等，2018），投资产品的信息和范围的扩大也提升了投资者新增投资的可能性（廖婧琳和周利，2020）；另一方面，数字金融极大地降低了信息不对称，精准衔接了金融资源的需求与供给，缓解了信贷资源错配，优化了资本转换（Laeven et al.，2015）。吴雨等（2021）还发现，数字金融不仅提升了家庭资产组合的有效性和多样性，还进一步降低了家庭极端风险投资的可能性，从而优化资产配置。

第五，数字金融促进了就业，而就业是民生之本，与经济增长紧密相连。数字金融提升了技能劳动力需求，而技能劳动力容易与资本形成互补，金融与科技的结合降低了企业的融资门槛和成本，因此可以提升技能劳动力需求（申广军等，2017）。尹志超等（2021）基于中国家庭金融调查的数据研究发现，数字金融显著提升了就业率，提升效应主要来自创业型自雇佣的增加。戚聿东和褚席（2021）利用"宽带中国"试点政策形成的自然实验研究数字生活的就业效应发现，数字生活提升了个人的人力资本和社会资本，进而增加了就业概率。张勋等（2021）研究发现，在中国二元经济结构的体系下，数字金融发展产生了农业部门人口转向非农业部门的就业效应。冉光和和唐滔（2021）研究发现，数字金融显著促进了就业，就业效应在小微企业和第三产业中更加明显。曾湘泉和郭晴（2022）还发现，数字金融降低了返乡农民工创业成本，推动返乡农民工实现受雇就业和自主创业，从而助力乡村振兴。

1.2.5 文献述评

回顾数字金融与经济增长为主题的文献发现，国内外学者在相关领域进行了丰富而深入的研究，这些研究为本书提供了逻辑起点和研究手段。然而，系统梳理已有文献还发现，现有研究仍有值得进一步推进之处。

第一，现有文献关注的重点是数字金融与收入差距的关系，虽然也有一部分关注到数字金融的经济增长效应，并进行了实证考察，但是将两者从理论框架上连接起来的文献则相对匮乏，尤其缺少基于较为完整理论框架剖析数字金融与经济增长内在联系的研究。这导致现有文献在探究数字金融对经济增长的影响上仅仅从某单一个方面探索，分析视角缺乏系统性和综合性，难以有效揭示出数字金融影响经济增长的作用机理，进而难以提供精准可行的政策选择。因此，需要构建一个较为完整的理论分析框架，系统揭示数字金融影响经济增长的理论机理，深化数字金融的经济增长效应的理论基础。

第二，内生性问题仍值得进一步讨论。准确识别数字金融与经济增长的因果关系，内生性处理是核心问题，如果存在内生性干扰，即使在大样本的条件下，估计结果仍然无法满足无偏性或一致性。数字金融与经济增长之间因双向因果和遗漏变量等问题带来的内生性会干扰到因果识别的准确性，进而影响结论的可靠性，然而部分研究在内生性的讨论上仍相对比较欠缺。克服内生性最主要的手段就是寻找工具变量和借助外生政策冲击，因此还需要选择合理的工具变量和借助外生政策冲击来进一步克服内生性干扰。

第三，对数字金融的经济效应的异质性考察仍不足。现有文献在剖析数字金融影响经济增长的异质性上多集中在区域异质性、行政级别（中心—外围城市）异质性，以及物质资本、人力资本、社会资本三大资本的异质性，对数字金融在纵向层面的时间序列以及在横向视角的结构维度、发展差异、监管强度的异质性考察则较缺乏，因而仍值得进一步推进，这将有助于对数字金融的经济增长效应作出更有针对性的科学评估。在分析异质性的方法上，现有文献多使用的方法也相对比较单一，多通过分组回归方法进行考察，因而难以捕捉不同发展特征城市的数字金融对经济增长的边际影响以及影响效应的门槛特征，需要引入新的计量方法进行更深入地探究。

第四，数字技术与金融的结合带来了区域经济的空间重组，基于数字技术的网络外部性使得数字金融的触达能力不再局限于固有范畴，还可以通过突破时空限制、压缩地理距离来调动金融资源，形成空间上的溢出效应，然而目前仅有少量文献研究了地理特征下数字金融对经济增长的空间效应。无论是用地理距离还是是否相邻来构建空间权重矩阵，都仅仅表现了地理特征的影响，相对比较粗糙，无法反映出区域间的经济紧密程度和信息化程度，而数字金融扩大经济增长的受益空间不仅受到区域地理特征的影响，还与经济发展程度、互联网等社会经济特征紧密相关。因此，需要在地理特征之外进一步从经济紧密性和互联网关联性的角度来构建社会经济特征的空间权重矩阵，从而拓展数字金融福利评估的范围。

第五，研究数据上，多数文献使用省级层面的数据来研究数字金融的宏观经济效应，这不仅会导致样本量大大降低，还使得能够获取的有效信息大大降低，难以为决策部门提供更具体的政策参考，因而十分有必要使用信息更丰富的城市层面数据作为研究对象来克服样本规模局限和获取更多有效信息。选用城市层面数据的现实依据还在于，中国经济呈现出以城市化为主线的突出路径，城市正在成为数字经济的重要功能单元，研究城市数字金融发展具有重要的现实意义。

综上所述，本书聚焦于数字金融与经济增长两大核心主题，从以上五个方面来推进现有研究，具体而言：首先，以经济增长的三大因素为主线，深入剖析数字金融影响经济增长的资本渠道、劳动力渠道和全要素生产率渠道，建立一个数字金融驱动经济增长的一般性理论分析框架，系统揭示两者之间的理论机理；其次，通过选取合理的工具变量以及借助外生政策冲击等多种方法着力缓解数字金融与经济增长之间的内生性干扰，建立起两者之间的因果关系；再次，采用分位数回归、门限回归等多种计量方法从横纵视角深入考察数字金融影响经济增长的结构效应、区域效应、普惠效应、监管效应和动态效应；又次，采用空间计量方法研究社会经济特征空间权重矩阵下数字金融影响经济增长的空间溢出效应，拓展数字金融福利评估的范围；最后，将研究视域从省份拓展至城市，通过将北京大学数字普惠金融指数与中国城市统计年鉴相匹配，构建地级及以上城市的城市面板数据，以更丰富的信息维度和数据结构对本书的研究主题进行深入探索。

1.3 研究思路、内容与方法

1.3.1 研究思路

本书的主要内容按照"核心概念、文献综述与理论基础→典型事实→理论分析框架→实证分析→结论、启示与展望"的思路依次展开。具体而言，首先，聚焦于本书的核心主题"数字金融与经济增长"，通过文献回顾与梳理，明晰了数字金融与经济增长的核心内涵，评析了相关文献的进展与不足，进一步阐述了本书的理论基础，为后续研究提供理论借鉴。其次，基于数字金融的发展特征、演进轨迹和推动因素，分析了数字金融给中国金融系统带来的变革以及自身发展存在问题，同时量化刻画出数字金融整体特征、动态趋势与区域分布，并与中国经济增长的演进趋势进行相关分析，呈现研究对象的典型事实。再次，由典型事实抽象出一般性的理论框架，以经济增长的三大因素为主线，剖析了数字金融影响经济增长的资本渠道、劳动力渠道和全要素生产率渠道，揭示了两者之间的内在机理，从而形成了一个数字金融影响经济增长的较为完整的理论分析框架，为实证研究提供理论支撑。又次，基于理论分析框架，采用地级及以上城市的面板数据系统考察了数字金融的经济增长效应，并使用工具变量法和双重差分法重点缓解了内生性干扰，较为准确地识别了两者之间的因果关系。同时，利用分位数回归、门限回归等多种计量方法从横纵双重视角深入剖析了数字金融影响经济增长的结构效应、区域效应、普惠效应、监管效应和动态效应。在此基础上，从理论分析框架的三条主线出发，依次检验了数字金融影响经济增长的资本渠道、劳动力渠道和全要素生产率渠道，进一步构建地理特征和社会经济特征两大类型下的四种空间权重矩阵，利用空间杜宾模型揭示数字金融影响经济增长的空间溢出效应。最后，基于研究结果提出数字金融更好地赋能经济增长的相关政策建议。

根据本书的研究思路，绘制了具体的技术路线，如图 1−1 所示。

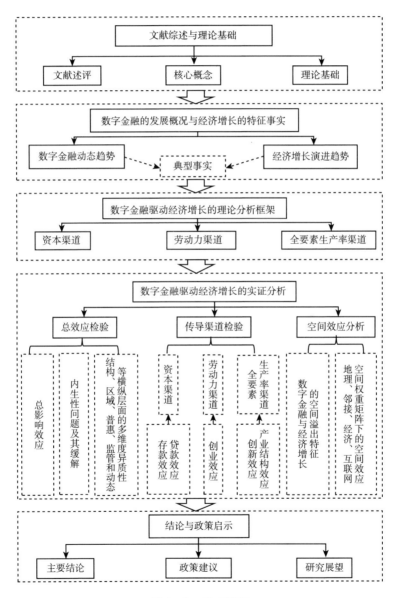

图 1−1 技术路线

1.3.2 研究内容

依据研究思路，本书一共分8个章节进行研究，每章具体内容如下。

第1章为绪论。首先，阐述选题的研究背景，指出本书的理论意义与现实价值；其次，以经济增长的影响因素、数字金融的功能、金融发展与经济增长、数字金融与经济增长为主线，对相关文献进行梳理和评述，为研究提供依据；再次，利用技术路线图厘清研究思路，在此基础上进一步概括各章节主要内容，介绍所使用的研究方法；最后，指出主要创新之处以及存在的不足。

第2章为核心概念与理论基础。首先，对本书聚焦的两大主题"数字金融"和"经济增长"进行概念界定，明确其核心内涵。在此基础上，对本书涉及到的相关理论进行回顾和梳理，归纳和总结了金融发展理论、金融中介理论、普惠金融理论等金融相关理论基础，新古典主义增长理论、内生增长理论、包容性增长理论等经济增长理论基础，以及梅特卡夫定律、网络外部性、长尾理论等数字经济相关理论基础，为本书提供理论借鉴。

第3章为数字金融的发展概况与经济增长的特征事实。首先，梳理了中国数字金融的演进轨迹与推动因素；其次，进一步利用"北京大学数字普惠金融指数"定量刻画出数字金融的动态趋势与区域分布，指出数字金融带给中国金融体系的变革以及存在的问题；最后，考察数字金融与经济增长的典型事实，为后续研究提供初步证据。

第4章为数字金融驱动经济增长的理论分析框架。资本、劳动力和全要素生产率分别是经济增长的重要途径、推动力量和动力源泉，本章以三大因素为主线，系统剖析数字金融影响经济增长的资本渠道、劳动力渠道和全要素生产率渠道，深入揭示了数字金融影响经济增长的理论机理，从而形成了一个数字金融驱动经济增长的一般性理论分析框架，为实证研究提供理论逻辑。

第5章为数字金融驱动经济增长的总效应分析。基于城市面板数据实证考察了数字金融的经济增长效应，并采用工具变量法和双重差分法重点缓解了内生性干扰，建立起数字金融与经济增长之间的因果关系。在此基础上，进一步采用分位数回归、门限回归等多种计量方法，从横纵层面深入剖析了数字金融影响经济增长的结构效应、区域效应、普惠效应、监管效应和动态效应，为数字金融精准赋能经济增长提供了针对性的政策参考。

第 6 章为数字金融驱动经济增长的机制检验。本章打开了数字金融影响经济增长三大渠道的"黑匣子"。首先，数字金融增加了居民储蓄存款，推动区域贷款的增长，从而促进资本形成与积累，最终推动经济增长。其次，数字金融激发了创业活跃度，创造更多就业机会和岗位，扩大就业，从而增加劳动力供给，最终促进经济增长。而且，数字金融在提升高技能劳动力比例的同时，并未对低技能劳动力产生替代效应，有助于优化就业结构、实现高质量就业。最后，数字金融促进了创新，推动产业结构合理化和高级化，从而促进技术改善和优化资源配置效率，起到提升全要素生产率、破除"生产率悖论"的作用，并最终推动经济增长。

第 7 章为数字金融驱动经济增长的空间溢出效应。本章构建地理特征和社会经济特征两大类型下的四种空间权重矩阵，利用莫兰指数（Moran's I）检验了数字金融与经济增长的空间相关性，发现两者在地理距离、邻接、新型经济距离、互联网空间权重矩阵下均呈现出正相关。在此基础上，利用空间杜宾模型实证检验了四种空间权重矩阵下数字金融影响经济增长的空间溢出效应，为决策部门充分利用数字金融来放大和倍增经济增长的空间范围，进而缩小地区发展差距、构建区域间协调发展的格局提供了经验支撑。

第 8 章为结论与政策启示。本章从全书的视角提炼、归纳和总结出主要结论，提出了数字金融更好赋能经济增长的政策建议。

1.3.3 研究方法

（1）定性分析与定量分析结合。定性分析是定量分析的基础，由于数字金融的应用实践领先于其理论发展，使用定性分析法剖析数字金融的基本规律有助于把握数字金融的核心内涵。本书应用定性分析法明确了数字金融与经济增长核心内涵，评述了现有文献的进展与值得推进之处，归纳了数字金融的演进轨迹、发展特征、推动因素以及存在的不足，概述了主要结论并针对性地提出政策建议。定量分析是对定性分析的检验，本书应用定量分析法刻画了数字金融的整体发展特征以及代表性城市数字金融的动态趋势与区域分布，剖析了中国经济增长的演进趋势以及与数字金融发展趋势的相关性，测度了所在城市到杭州市的距离以及到所在省份的省会的距离，将其作为数字金融的工具变量，通过测算城市层面的全要素生产率来检验数字金融影响经济增长的全要素生产率渠道，同时，通过构建城市层面的地理距离、邻接、新型经济距离、互联网距离四种空间权重矩阵来测度数字金融与经济增长的莫兰指数。

（2）规范分析与实证分析结合。在规范分析方面，本书首先归纳和总结了理论基础，基于理论基础梳理出数字金融影响经济增长的传导渠道，揭示了数字金融作用经济增长的理论机理，从而构建出一个数字金融影响经济增长的较为完整的理论分析框架，厘清了"数字金融—经济增长"在宏观层面的理论逻辑，为实证研究提供了理论支撑。在实证分析方面，本书使用信息更丰富的城市层面数据作为研究对象，有效克服了样本规模局限，在此基础上采用了多种实证方法深入考察数字金融影响经济增长的多维度的影响效应，包括利用面板数据双向固定效应模型考察了数字金融的经济增长效应，利用两阶段系统广义矩估计进行稳健性检验，利用工具变量法和双重差分法重点缓解了内生性干扰，利用中介效应模型揭示了数字金融影响经济增长的机制，利用面板分位数模型深入挖掘了增长效应的普惠特征，利用面板门限模型探究了金融监管下的增长效应差异，利用空间杜宾模型探究了数字金融对经济增长的空间溢出效应。

1.4　创新与不足

1.4.1　主要创新点

第一，以经济增长的三大因素为主线，从理论和实证双重视角系统考察了数字金融驱动经济增长的作用机制，厘清了"数字金融—作用机制—经济增长"的内在逻辑，补充和拓展了数字金融影响经济增长的理论体系。

现有文献对数字金融与经济增长关系的研究呈现出理论体系构建落后于经验实证的现象。本书从经济增长的三大影响因素出发，构建了一个数字金融驱动经济增长的一般性理论分析框架，阐述了"数字金融—作用机制—经济增长"理论逻辑，并在此基础上进行了实证检验。一方面，弥补了现有研究探索数字金融的经济增长效应多从单一视角展开导致的系统性和综合性不足，对数字金融功能的理论体系作出了重要补充；另一方面，从资本、劳动力、全要素生产率三个方面丰富了数字金融如何影响经济增长的经验证据，为决策部门壮大数字金融进而更好地赋能经济增长提供具体实施路径。

第二，准确揭示了数字金融对经济增长的因果效应，并进一步采用分位数、门限回归等方法从经济发展水平、金融监管强度、劳动力技能等视角挖掘出数字金融对经济增长的多维度异质性影响。一方面，部分文献在内生性的讨论上仍相对比较欠缺，本书在利用地理信息系统（GIS）构建地理距离工具变量的基础上，进一步借助中国人民银行 2016 年发布的《G20 数字普惠金融高级原则》形成的准自然实验，利用双重差分法缓解了内生性干扰，充分揭示了数字金融与经济增长之间的因果关系；另一方面，现有文献对于异质性的分析多集中于地理区域和三大资本的考察上，分析方法上也相对比较单一，难以捕捉到不同发展特征城市的数字金融对经济增长的边际影响以及影响效应的门槛特征。本书使用分位数回归发现数字金融的经济增长效应在低分位点经济发展程度的城市大于高分位点经济发展程度的城市，使用门限回归发现，数字金融的经济增长效应随着金融监管强度的增加而增强，机制分析部分还进一步发现，数字金融在提升高技能劳动力比例的同时并未对低技能劳动力产生替代，以上发现不仅拓展了异质性影响效应的内容与深度，还为改善我国不平衡、不充分发展局面，实现稳增长与防风险的均衡，优化就业结构进而促进高质量就业提供了针对性的政策参考。

第三，从经济紧密性和互联网关联性的视角通过构建社会经济特征的空间权重矩阵发现，数字金融不仅可以通过地理区位辐射带动邻近城市经济增长，还可以通过强化区域间经济和网络的联系来放大经济增长效应的空间范围。

目前仅有少量研究探究了地理特征空间权重矩阵下数字金融影响经济增长的溢出效应。然而，充分释放数字金融扩大经济增长效应的受益范围的效果，不仅依赖于区域间的地理区位，还与城市间经济发展水平、互联网发展程度等社会经济因素紧密相关。本书进一步构建新型经济距离和互联网距离为代表的社会经济特征空间权重矩阵，利用空间杜宾模型揭示了数字金融可以通过强化区域间经济和网络的联系来突破地理束缚和区域限制，进而放大和倍增经济增长效应的受益范围，不仅拓展了数字金融福利评估的范围，还为缩小地区收入差距、构建区域间协调发展的格局提供了新兴金融侧的突破路径。

1.4.2　不足之处

囿于自身研究能力、相关研究进展以及数据的限制，本书仍存在一定的不足之处。

第一，数字金融作为新兴的金融模式，在中国实现跨越式发展并以惊人的速度革新了传统金融的技术、模式与业态也不过是近十年的事，因而其发展的时间还相对比较短。囿于时间长度和数据获取，本书难以对数字金融影响经济增长的各个方面进行全面考察。待日后样本时期更长、数据积累更丰富时，将进一步全面评估数字金融的经济增长效应。

第二，本书的研究重点聚焦于数字金融的宏观增长效应，又由于中国经济呈现出以城市化为主线的突出路径，因而本书选用了信息更丰富的城市层面数据作为研究对象，有效克服了大量文献使用省级面板数据研究数字金融的宏观经济效应带来的样本规模局限。但是，从城市层面研究数字金融与经济增长的关系难以识别两者之间的具体微观机制。未来可结合中国家庭追踪调查数据（CFPS）、中国家庭金融调查数据（CHFS）等微观数据，深入探索数字金融的经济增长效应的微观机制。

第 2 章

核心概念与理论基础

本章界定了数字金融与经济增长的核心内涵，对相关理论基础进行了阐述和总结，为后文的深入研究提供理论借鉴。首先，从数字金融的金融属性、技术属性和独特优势出发，阐明数字金融的核心概念与内涵，厘清数字金融与互联网金融、金融科技在概念及其涵盖内容上的细微差别；其次，在考察经济增长特征事实的基础上，回溯和梳理了经济增长内涵的演变，界定了本书中使用的概念；最后，归纳和阐述了本书涉及的相关理论，分别梳理和总结了金融发展理论、金融中介理论、普惠金融理论等金融相关理论基础，新古典主义增长理论、内生增长理论、包容性增长理论等经济增长理论基础，以及梅特卡夫定律、网络外部性、长尾理论等数字经济相关理论基础，并说明以上理论与本书研究的关系与借鉴。

2.1 核心概念界定

2.1.1 数字金融

对于数字金融（digital finance）的内涵，学者们从不同视角进行了阐释。从数字金融的金融属性来看，数字金融的核心属性并未被数字技术改变，其本质仍然属于金融，因而仍遵循金融的基本规律（张勋等，2019）。

从数字金融的技术属性来看，以大数据、人工智能、云计算、区块链等为标志的新一代信息技术的兴起加速了金融服务的数字化转型，颠覆了传统金融服务的技术与模式，拓展了金融服务的触达能力，是技术驱动的金融创新（李春涛等，2020）。从数字金融的业务来看，既包括移动支付、众筹、互联网金融消费、数字保险等常见的金融服务，也包含加密货币、初始货币等产品，涉及金融体系的众多方面，其中，移动支付和在线借贷是中国数字金融最突出的两大业务，不少证据表明，这两大代表性业务以低成本、高效率、精准化的金融服务推动了金融普惠（黄益平和陶坤玉，2019），从而让数字金融更有效地服务实体经济。从数字金融不同于传统金融的独特优势来看，首先，数字金融突破了金融服务对于物理网点的束缚，摆脱了风险评估对于征信记录和抵押担保的依赖，从而延展了金融服务的触达范围，提升了信贷可得性，弥补了传统金融的供给不足（黄益平和黄卓，2018）；其次，数字金融作为技术驱动型金融创新，能够依靠数字技术挖掘多维度、多层次的信息来满足金融业处理海量信息的需要，从而降低了信息搜寻、处理和验证成本，有效克服了信息不对称，缓解了金融资源错配，提升了金融供给质量（唐松等，2020）；再次，数字金融提升了金融机构处理交易的速度（2019），尤其是支付系统的革命颠覆了支付方式，缩短了结算链条，使得金融服务能够及时、便捷地被应用到更广阔的场景，加速了流通与交换速度，并最终提升了金融运行效率；最后，数字金融让被正规金融服务排斥在外的长尾群体能够享受到同样的金融资源，推动了普惠金融的发展。

由于数字金融的概念与互联网金融（internet finance）、金融科技（fintech）十分相似，本小节进一步通过比较三者的差别来清晰界定其中内涵。目前，数字金融还缺乏一个统一的定义，贡尔贝（Gomber et al.，2017）从数字金融的功能、技术和机构对其内涵进行了阐释，认为数字金融是以上三者能够可持续提供金融服务的一个有机结合体，而国内对于数字金融的界定多从融资约束的角度出发，一个代表性的文献是黄益平和黄卓（2018）的研究，他们认为数字金融泛指金融机构和互联网企业借助数字技术开展融资、投资、支付以及其他新型金融业务的新兴金融模式。国内互联网金融的概念最先由谢平和邹传伟（2012）提出，泛指依托于互联网技术开展的资金融通、支付、投资和信息中介服务的金融业务模式。金融稳定理事会（FSB，2016）对金融科技的定义是，通过技术带来的金融创新，由此创造出的新的业务模式、应用、流程或产品。

可以看出，三者的概念及其涵盖的内容都十分接近，细微的差别在于，互联网金融更多突出的是互联网公司所开展的金融业务，金融科技更加强调的是金融业务的科技属性，而数字金融一词更加中性，是作为同时涵盖互联网金融和金融科技等内容的更广泛的概念出现的。事实上，有大量的文献并未区分上述三者的细微差别，并将三者等同于一个概念进行使用（侯层和李北伟，2020；尹振涛等，2021；刘孟飞和王琦，2021）。本书对于数字金融的定义，沿用大部分文献的观点，认为数字金融是银行、证券等传统金融机构和互联网公司等新兴企业借助新一代信息技术开展融资、投资、支付以及其他新型金融业务的新金融模式（黄益平和黄卓，2018；张勋等，2019；郭峰等，2020）。进一步，本书沿用已有文献的做法，在后续内容中不区分数字金融、互联网金融和金融科技的细微差别，统一使用数字金融这一更加中性和广泛的词汇来概称。

2.1.2　经济增长

经济增长是全球各国政策制定者的重要目标，也是学术界长盛不衰的经典议题，经济增长的内涵也随着研究的深入而演变。卡尔多（Kaldor，1963）通过总结 20 世纪发达国家经济增长过程中的程式化事实（stylized facts），提出了他所认为的能够代表经济增长的六个典型特征，即"卡尔多事实"：一是人均产出以连续不变的速度增长，且增长率未出现下降趋势；二是人均物质资本以连续不变的速度增长；三是资本回报率近乎稳定；四是物质资本—产出比近乎稳定；五是生产要素在产出中所占的份额近乎稳定；六是人均产出增长率在各国间差距较大。相对于人类历史而言，持续、快速的经济增长只是最近一两百年发生的事情。事实六与跨国数据基本吻合，事实一、事实二、事实三、事实四、事实五与发达国家的数据基本一致，但并不适合于更广大的发展中国家，事实四描述的似乎主要是英国的经历。在不同的时代，人们关注的主要事实是不同的，卡尔多事实主要是为稳态增长（或平衡增长）提供事实依据。库兹涅茨（Kuznets，1973）进一步提出了现代经济增长的其他显著特征，强调了产业结构、对外贸易、技术进步和政府在现代意义上的经济增长中的重要性，产业结构升级加速了农业到工业、再到服务业的转型，对外贸易开拓了新的市场，技术进步减少了对于自然资源的依赖，政府作为制度的制定者和公共物品的提供者也是必不可少的。

在考察经济增长的特征事实的基础上，不少宏观经济学者也非常关注如何提升经济增长的速度和规模，经济数量的扩张成为了经济增长的中心问题（Feldman et al.，2016）。不少宏观经济学的教材对于经济增长定义也聚焦在数量扩张上面，认为经济增长是一国或地区生产的物质产品和服务的持续增加，因而 GDP 成为了常用的测度经济增长的重要指标。阿西莫格鲁（Acemoglu，2009）也将人均收入随着时间的大幅增长看作是经济增长的关键特征，认为现代经济增长理论应着重解决两个重要问题：一是人均产出为什么能持续地增加；二是为什么一些国家如此之富裕，而另一些则如此之贫穷，即"卡尔多事实"的第六个程式化特征。

随着中国经济进入高质量发展阶段，部分学者开始将经济增长的关注点从数量扩张转向增长质量提升。余泳泽和胡山（2018）认为，经济增长的内涵包含了质与量两个维度，是经济数量扩张和经济质量提升的协调统一。朱子云（2019）认为，随着中国经济进入高质量发展阶段，结构调整成为了当前的主题，资源约束、环境成本、创新质量、竞争能力和经济效益都应纳入经济增长的内涵，从而充分衡量经济增长质量。

本小节所定义的经济增长沿用阿西莫格鲁（2009）对于经济增长的界定，由于本书的研究聚焦于数字金融发展与中国经济增长两大主题，不涉及跨国收入差距的探讨，因而将经济增长界定为在一定时期内一国或地区人均产出的持续增加，这也符合经济增长最关键和最重要的特征。具体度量的方法上，本书用地区生产总值指数将人均名义 GDP 折算为人均实际 GDP，以剔除掉价格因素的影响，然后取对数值来衡量经济增长。

2.2 金融相关理论

2.2.1 金融发展理论

大数据、人工智能、区块链等技术的兴起并未改变数字金融的核心属性，数字技术只不过是手段，数字金融的本质还是金融，无论其形态如何变化，服务实体经济、促进经济增长仍然是金融的重要功能和使命。因此，本小节通过回顾金融发展理论来寻找理论借鉴。

金融与经济增长的关系一直以来都是经济学研究的经典议题。自从现代意义上的银行诞生以来，经济学家就在思考，金融在经济增长中到底扮演着怎样的角色。在结构主义主导发展经济学的早期研究中，金融在经济增长中的作用一直处于被忽视的地位，仅被当作是实现工业化和资本积累的附属手段而处于附属地位。进入 20 世纪 60 年代以后，随着新古典主义的发展思路对结构主义发展思路的取代，如何有效利用金融中介、金融市场和金融政策，合理有效地调动金融资源实现经济持续发展成为了经济学者重点关注的问题。格利和肖（1956）对于金融发展与经济增长互动关系的研究为金融发展理论的兴起奠定了基础，通过构建了一个包含多样化金融资产和金融机构的金融演进模型指出，金融发展是经济增长的重要推动力，其重要性随着发展阶段增加而变强。金融发展理论的另一项奠基性研究是戈德史密斯在 1969 年提出的金融结构理论，他在《金融结构与金融发展》中通过比较和分析不同国家金融模式的历史演进，并利用金融资产与负债占国内生产总值比率作为衡量金融结构变化的指标，得出了金融结构与经济增长正相关的结论。戈德史密斯特别强调了金融在经济增长中的重要作用，认为金融工具剥离了储蓄和投资的主体，加速了资本的形成，从而促进经济增长，而健全的金融体系和合理的金融结构是经济增长的重要保障。金融结构理论的提出成为了后续金融发展理论的重要渊源。

无论是格利和肖还是戈德史密斯的研究，关注的重点都集中在发达国家，并未考察发展中国家的金融发展情况。进入 20 世纪 70 年代后，麦金农和肖（1973）将金融与经济增长关系的研究进一步扩展到发展中国家，提出了著名的金融抑制与金融深化理论。金融抑制理论认为，由于发展中国家的信贷资源的走向受到了政府偏好强烈影响，政府对于金融活动的严格监管扭曲了价格这一反映资金供需的市场信号，使得金融机构和金融工具难以有效地发挥金融资源的配置作用，损害了金融赋能经济增长的功能，而经济增长速度的衰退反过来也制约了金融的发展。解决金融抑制的关键在于通过适当的金融改革放松过多的金融管制，推动金融自由化，从而实现金融发展与经济增长之间良性互动，深化金融在经济增长的功能。进一步，肖（1989）认为，金融深化可以分为三个层次的动态演进：首先是金融规模的逐渐扩大，其次是金融机构与金融工具的增加和优化，最后是金融制度的不断完善和健全。

金融深化理论的提出成为了金融发展理论在 20 世纪 70 年代的重要创新，然而金融深化理论在实践上并未得到全球经验证据的有力验证，譬如东南亚国家在第二次世界大战后实现了经济的快速增长，然而这些国家的金融体系中都存在着明显的金融抑制现象；相反，在一些大力推行金融自由化的国家，经济反而出现了衰退现象。赫尔曼等（Hellmann et al.，1997）在考察东南亚国家的金融发展经验后提出了著名的金融约束理论，从信息经济学的视角重构了金融深化的理论分析框架——被认为是金融深化的第三条道路。金融约束理论肯定了政府干预在发展中国家的金融体系中的正面作用，认为合理的金融约束是实现金融深化的重要阶段。由于发展中国家的经济转型过程中存在信息不畅、监管不力的问题，并不具备金融自由化的初始条件，合理的政府干预能够创造租金机会、鼓励储蓄动员、吸收更多的存款，从而促进金融深化。可以看出，金融约束并不是金融深化的对立面，而是金融抑制走向金融深化的重要过渡，是推进金融自由化的新思路。

2.2.2 金融中介理论

大量的文献研究了金融、金融中介与经济增长之间的关系，发现三者之间存着密切的联系。现代经济体系中的众多交易活动都是通过金融中介来实现的，除此之外，金融中介还扮演着储蓄向投资转化的关键角色和制度安排，这使得金融中介成为了影响经济增长的重要因素。在我国金融市场以间接融资为主的现实下，金融中介必然在数字金融影响经济增长的过程中发挥着重要作用。相较于古典金融中介理论将金融中介视为市场上被动完成风险组合的管理者，现代金融中介理论充分利用博弈论、信息经济学以及交易费用经济学的研究成果，以克服信息不对称和降低交易成本为主线，系统地研究了中介的形成与发展，信息不对称理论和交易成本理论构成了现代金融中介理论的重要基石。因此，本小节从克服信息不对称和降低交易成本的角度对金融中介理论进行梳理，并进一步分析其在数字金融影响经济增长过程中的借鉴意义。

（1）金融中介与信息不对称。金融中介存在的一个重要原因在于其可以有效地克服信息不对称问题。金融市场上信息不对称主要体现在，借款者无法充分有效地观察到贷款人的类型，贷款人拥有更多的私人信息，这将形成逆向选择和道德风险、加剧金融摩擦、造成市场失灵（Johnson and Hirshleifer，1970）。

克服逆向选择可以通过寻找一个信息生产和转卖的代理人来连接信息不对等的双方，但这个过程中可能会产生"剽窃问题"（appropriability problem），即无法观测和遏制代理人的信息共享和信息再售卖行为。围绕着这个中心问题，布雷利等（Brealey et al.，1977）首先提出金融中介可以有效破解"剽窃问题"，认为金融中介能够可信地生产资本市场无法生产的潜在投资信息，这表明这些信息是有价值的，从而使得金融中介成为私人信息占有方，起到克服"剽窃问题"、解决逆向选择的作用。克服道德风险可以通过增加事后监督。然而，监督会产生成本，如果将监督任务委托给一个特定的第三方，那如何对监督者进行监督？即著名的"监督监督人"问题。戴蒙德（Diamond，1984）首次注意到该问题并给出了解决方案：如果一个金融中介的规模不断增加并形成规模经济，那么这个金融中介是可以有效率破解"监督监督人"难题的，因为如果中介按照承诺机制对借款者进行监督，就会遵循承诺支付存款人，如果单方面破坏承诺，中介会遭受声誉破产。可以看出，金融中介在克服信息不对称、平滑金融摩擦上发挥着重要作用。

数字金融借助大数据、机器学习等新一代数字技术，充分挖掘银行征信系统之外的信息，例如借款候选人的手机账单、缴费记录、搜索行为等"软信息"，通过将"软信息"与财务、资产、征信等"硬信息"相结合，精准评估借款者的信用水平，降低了因事前信息不对等产生的逆向选择，同时，人工智能还可以全程监控借款者事后的金融活动，对其信用水平作出动态调整，有效遏制了因事后信息不对等产生的道德风险。因此，数字金融的广泛应用有助于深入采集借款人信息，丰富了信用评价体系的维度，精准定位了金融服务的走向，最终有效降低了信息不对称问题。

（2）金融中介与交易成本。金融中介存在的另一个现实基础在于其可以有效地降低交易成本。交易成本的概念最早由科斯（Coase，1937）提出，指的是利用市场交换手段进行交易所产生的费用，包括搜寻费用、谈判费用、契约费用、违约费用、监督费用等。新金融中介理论的标志性人物法玛（Fama，1980）认为，由于金融资产交易技术的限制，阿罗—德布鲁范式中没有金融摩擦的完美金融市场是不存在的，需要金融中介参与到金融市场的交易活动中，因而交易成本不可避免会产生。相较于一对一的金融交易活动产生的高昂交易成本，金融中介降低交易成本的主要渠道在于充分利用了规模经济。首先，在金融市场上，随着交易数量的增加，总成本的增加额非常缓慢，因而交易的平均成本也随之下降；其次，金融中介的分配技术通过协调大量借款人和贷款人的金融需求进一步降低交易成本，实现了稀缺的储蓄资源在投资机会之间更有效地分配；最后，金融中介催生出新的业务和技术，金融业务的丰富革新了金融业态，扩大了交易规模，技术的研发与创新使得金融服务的成本以更低的成本进入大众视野，从而降低了交易成本（Saunders and Cornett，2019）。

数字金融借助于数字技术赋能实现了金融服务的线上交易，突破了传统金融服务对于物理网点和前台人员的依赖，缩短了金融业务的烦琐流程，压缩了贷款审批过程中可能存在的寻租空间，有效地降低了交易成本，提升了金融体系的运作效率。贝多广（2017）指出，传统信贷的单笔操作成本高达2000元，在数字金融的环境下，该成本大幅下降到2.3元，大大降低了交易环节的费用。福斯特等（2019）发现，数字金融将贷款审核和发放的时间由传统条件下的一周左右压缩至短短 3 秒内，将降低了其中的人为干预，节省了传统信贷条件下的隐性支出。相比于传统金融模式，数字金融拓展业务的边际成本接近于零，其内嵌的人工智能等技术还可以动态追踪借款者的信用水平变化，有效地降低了金融机构的风控成本。综上所述，数字金融在降低交易成本上发挥着积极的作用。

2.2.3　普惠金融理论

实现金融普惠是全球金融发展的共识。数字金融突破了金融服务对于物理网点和人工服务的束缚，克服了银行信贷对于征信记录和抵押担保的依赖，拓展了金融产品的内容和边界，提升了金融机构的运行效率与风险管控能力，加速了数字技术与金融资源的跨区域流动，以低成本、高效率、广覆盖的金融服务延伸了金融覆盖面，让被传统金融机构排斥在外的小微企业、偏远地区群体、低收入人群能够享受同样的金融服务，有效地缓解了金融排斥，从而推动金融普惠。因此，通过梳理普惠金融理论将为本书提供理论借鉴。

普惠金融理论发轫于学者们对 20 世纪 80 年代以后金融市场上广泛存在的金融排斥现象的反思。金融排斥表现为小微企业、偏远地区群体、低收入人群等弱势群体因受到金融制度不合理、金融体系不健全、群体自身缺陷等因素的影响而被排斥在正规金融服务之外，无法获得同样的金融资源。普惠金融这一概念的提出，正是为了建立一个包容偏远和贫困群体的金融体系，以可负担的成本来全面、有效地为所有阶层提供及时、有尊严和高质量的金融服务。普惠金融一词虽然在 2005 年才被联合国正式提出，但是其理论根源可以追溯到 20 世纪 90 年代的研究中，许多学者将其视为金融排斥的对立面，普惠金融旨在缓解金融排斥的现象。普惠金融的提出可以归因于两个方面：现实层面上，发展普惠金融是解决小额贷款危机的有效手段；理论层面上，人人都具有享受金融服务的权利，发展普惠金融是破除金融排斥的重要渠道（王修华等，2014）。

　　基于上述逻辑，普惠金融的实现过程即是从金融排斥到金融包容的过程，从实现路径上可分为内生式普惠金融发展模式和外生式普惠金融发展模式（星焱，2016）。在内生式普惠金融发展模式的初期，金融资源的分配与收益在大型企业、高收入群体和中小微企业、低收入群体之间存在着显著差异，金融资源更多地流向前者，但随着技术进步的扩散（比如数字金融的广泛应用），金融资源在中小微企业、低收入群体中的边际收益呈现出增加的趋势，而在大型企业、高收入群体的边际收益逐步递减，当两组群体的边际收益相等的时候，整个社会不同阶层的金融需求均处于被满足的均衡状态。外生式普惠金融发展模式的核心是政府，一切金融资源的分配与调度依赖于政府目标函数，这种模式的劣势在于全面的计划主导容易形成创新低效，优势在于应用合理的话能够形成对发达国家的"弯道超车"。

　　具体到普惠金融的经济效应，可以从宏观和微观层面进行归纳和总结。关于普惠金融的宏观经济效应主要表现在减少贫困和促进经济增长两个方面。首先是普惠金融的减贫效应，贫困陷阱形成的一个重要原因就在于金融不平等造成的收入不平等（Banerjee and Newman，1993），而普惠金融畅通了不同阶层群体获取相同金融资源的渠道，保障了弱势群体享受金融服务的权利，助力低收入群体改善生活水平，从而有效遏制贫困的恶性循环。其次是普惠金融的经济增长效应，贝克和德米古克－康特（2008）认为，在缺乏普惠性的金融体系下，小微企业只能基于原有资金进行投资和生产，损失了小微企业的增长潜能，进而减缓了经济增长；相反，在普惠金融体系下，金融资源得到更加包容性的分配，满足了小微企业的金融需求，释放出投资、就业和创新的新动能，助力经济增长。关于普惠金融的微观经济效应，一个显著的特征就是改善了居民消费，班纳吉等（Banerjee et al.，2008）利用随机实验的方法解决了以往研究难以克服的内生性偏差，研究发现，包容性的金融政策对人均开支并无显著性的影响，但是却促进了耐用品的消费。

　　综上所述，普惠金融理论对金融发展的路径选择进行了新的解读，其倡导的包容性增长的发展理念深刻影响了现代化金融体系的方向，如何构建科学的普惠金融体系指标，设计可操作的金融包容政策，完善普惠金融的理论框架将是未来普惠金融研究的重点。

2.3　经济增长相关理论

古典经济理论包含着丰富而深刻的增长思想，无论是斯密的劳动分工理论、李嘉图的比较优势理论、马尔萨斯的人口理论、马克思的再生产理论，还是晚近的杨格的规模报酬理论、熊彼特的创新理论，都为现代经济增长理论提供了基本要素。现代经济增长理论的起点可以追溯至拉姆齐（1928）的经典文章，该文章提出的跨期家庭最优模型深刻改变了经济增长中的研究方法。基于研究的主题，本小节从已有基础理论出发，专注于 20 世纪 50 年代之后的增长理论，通过梳理和回顾现代增长理论为本书提供理论借鉴。

2.3.1　新古典主义增长理论

如果说拉姆齐的文章为现代经济增长理论提供了动态问题的解决方法，那么哈罗德—多马模型则是从内容上将凯恩斯思想动态化地纳入经济增长的要素，并强调了资本积累对于经济增长的关键作用。但是，新古典增长理论更为重要的贡献还是来自索洛和斯旺（1956）的经典研究，他们通过将新古典生产函数（基于规模报酬不变、边际产出递减、要素投入间存在正的平滑替代弹性的假设）与不变储蓄率、不变人口增长率假设结合在一起，建立了一个一般均衡模型来解释经济增长，模型的预测结果之一——条件收敛也得到了跨国经验证据的有力支持；索洛 – 斯旺模型的另一个预测结果是，在不存在技术进步的情况下，人均增长将停止于稳态水平。后一预测结果明显与经济增长的典型事实不符，正的人均增长率在过去一百年间并未存在明显下降的趋势（巴罗和萨拉 – 伊 – 马丁，2019）。

新古典增长理论的经济学家们也很快认识到了索洛 – 斯旺模型的这一不足，并通过在模型中引入外生技术进步进行修正，然而这样的处理方式又带来了新的缺陷：决定稳态时人均增长率的因素只有技术进步，而技术进步却又是外生的，即资本的边际产出递减最终使得经济达到一个靠外生技术进步而增长的稳态。综上所述，索洛－斯旺模型即便对于现实世界具有极强的解释力，但是仍无法解释长期经济增长。卡斯（Cass，1965）和库普曼斯（Koopmans，1965）将拉姆齐（1928）的跨期最优模型引入新古典增长模型，实现了储蓄率的内生化，这一推进不但保持了条件收敛的预测结果，还完善了新古典增长模型的基本理论框架，但是依然没有克服稳态时人均增长率的由外生技术进步决定的缺点。无法将技术进步纳入新古典增长理论的框架的一大技术障碍在于非竞争性的新思想的产生。在标准的竞争性分析框架下，如果技术既定，对于资本、劳动等竞争性要素来说，规模报酬不变的假设是十分合理的，然而技术进步的过程往往伴随着新思想的产生，新思想具有非竞争性的特点，一旦思想进入了生产要素，将会形成规模报酬递增，与竞争性分析框架产生冲突。

另一影响稳态时人均产出的重要外生因素是人口增长率。在新古典主义增长模型中，如果给定初始人均产出水平，更高的人口增长率将会降低稳态时的人均经济增长率。这显然没有考虑收入对生育率的影响，来自全球的经验证据表明，在贫困地区，生育率会随着人均收入增加而增长；在发达地区，生育率会随着人均收入增加而降低。一种解决思路就是将生育纳入新古典主义增长模型中，从而实现人口增长的内生化，这会涉及人口流动、生育率选择等问题，布兰查德（Blanchard，1985）以及贝克尔和巴罗（Becker and Barro，1988）在此方面作出了重要的推进。

2.3.2　内生增长理论

进入 20 世纪 80 年代后，如何修正新古典主义增长模型中外生技术进步决定的长期人均增长率的缺陷成为研究者关注的重点，由此形成了内生增长的研究思路。解决该问题的第一种方式是扩大资本概念，将资本外延至包含人力资本。第二种方式是引入技术进步，但是一方面，在新古典主义增长模型中引入外生技术进步实质上是将增长的长期决定因素交给了"上帝"；另一方面，如果引入内生技术进步，则和基于竞争性分析框架的新古典主义增长模型冲突。扩大资本概念和技术变化内生化的思路都使得资本收益不再递减，因而被称为内生增长模型。第三种方式是将完全竞争改为不完全竞争。将新知识作为生产过程的产物的思想被称为干中学（learning by doing），可以追溯到阿罗（Arrow，1962）的经典文献，该研究从理论上证明了在生产中学习解决问题的实践将促进非竞争性的新知识扩散至整个经济中，从而极大地推动经济增长。罗默（Romer，1986）后来证明，如果存在知识扩散，在竞争性分析框架下可以形成一个均衡的技术进步率，但是无法达到帕累托最优，只有将不完全竞争整合进入模型才能对新古典主义增长模型进行根本性的修正和拓展。

内生增长理论滥觞于罗默（1986）和卢卡斯（1988）的研究。他们研究的共同结论是，资本（包括人力资本）的收益不会出现递减趋势，知识在生产者之间扩散以及从人力资本获得的外部性是上述过程的一个组成部分，因而长期人均增长得以持续下去。不同之处在于，罗默是通过将新知识投资引入生产函数来实现技术进步内生化，而卢卡斯则认为人力资本是技术进步的重要动能形式，因而将人力资本引入生产函数来实现技术进步内生化的。将不完全竞争和研究与试验发展引入增长理论的探索始于罗默（1987，1990）以及阿吉翁和豪伊特（Aghion and Howitt，1992）的研究。这些模型都强调了企业在经济增长中的重要性，都尝试着解释企业如何积累知识。由于这些模型认为有目的研发活动带来了技术进步，那么只要不存在思想枯竭，长期的人均增长就会一直持续下去。更重要的是，知识积累还存在外溢效应，因而产品和生产工艺的创新会导致经济扭曲，从而无法实现帕累托最优。在上述逻辑下，需要将不完全竞争和研究与试验发展引入经济增长分析框架。在该分析框架中，政府行为对于长期经济增长影响重大，政府可以通过税收、法制、基础设施等措施影响长期增长率，这一研究后来被广泛应用于分析技术进步到底属于劳进型还是资进型（Acemoglu，2002），评价竞争在增长中的作用（Aghion，2002）等领域。

2.3.3　包容性增长理论

包容性增长在强调增长效率的同时也关注机会公平，这两者都是发展经济学中的核心内容，而具备低成本、高效率、广覆盖特征的数字金融突破了金融服务对于物理网点和人工服务的依赖，降低了金融服务的门槛，延伸了金融服务的覆盖面，让被传统金融机构排斥在外的小微企业、偏远地区群体、低收入人群能够享受同样的金融服务。可见，数字革命催生出的数字金融新技术、新模式和新业态，创造出新的发展空间，也带来了更多参与的机会，从而推动包容性增长（张勋等，2019）。因此，通过梳理包容性增长理论为本书提供理论借鉴。

包容性增长（inclusive growth）一词最早由亚洲开发银行于 2007 年提出，旨在强调各阶层各群体之间公平合理地分享经济增长成果，因而又被译为共享式增长。然而梳理包容性增长的生成渊源和历史脉络可以发现，其概念的形成可以更早地追溯到 20 世纪中期学者们对于贫困认识深化的政策实践。1966 年亚洲开发银行提出的实现区域和谐增长的理念被认为是包容性增长的萌芽；世界银行于 1990 年的《世界发展报告》中指出机会不平等会降低经济效益、加剧政治冲突，因而要通过设计包容性制度来推动具有"广泛基础的增长"；1997 年亚洲开发银行进一步提出了益贫式增长的概念，认为增长过程能够给被排除在分享增长成果之外的群体带来平等机会，那么这种增长就是对弱势群体友好的。在益贫式增长的基础上，亚洲开发银行于 2007 年正式提出了包容性增长的概念，强调发展机会的平等和增长成果的共享。换言之，如果经济增长只让一部分人受益多、另一部分人受益少，那么包容性则不足。世界银行在 2008 年发表的报告《增长报告：可持续增长和包容性发展的战略》中也明确将实现包容性增长作为指导原则。至此，包容性增长进入国际减贫机构的核心思想中。回溯包容性增长的生成渊源可以看出，实现包容性增长需要具备两个核心要素：一是经济增长的持续性与稳定性；二是机会均等性和增长成果共享性，尤其是惠及相对贫困的群体。

具体到包容性增长定义上，目前学术界尚未形成一个统一的概念，不同文献对于包容性增长的侧重点不尽相同，通过梳理相关文献，本书将包容性增长的内涵聚焦在机会公平、收入分配和就业均等三个层面。阿里和森（Ali and Son，2007）将包容性增长定义为机会增进的益贫式增长。劳尼亚尔和坎伯（Rauniyar and Kanbur，2010）认为，包容性增长描述了这样一种经济增长状态：首先，经济增长能够实现数量上的扩张；其次，增长过程能够让所有群体可以平等分享成果。由于劳动力是穷人最重要的资产，增加就业是实现减贫的关键手段，因而世界银行将包容性增长定义为生产性就业的增加。可以看出，包容性增长不仅注重增长速度，还特别强调参与和共享，旨在形成不同群体之间的包容，让增长成果惠及所有阶层的人。包容性增长所强调的更加关注弱势群体的理念，也有助于破除经济增长过程中的体制障碍和社会歧视，从而实现优化资源配置，改善不平衡、不充分的发展局面。

　　包容性增长作为一种新的增长模式，大量学者探究了其影响因素，比如张勋和万广华（2016）研究了中国农村基础设施对包容性增长的影响发现，农村座机、自来水等基础设施不但缩小了城乡收入差距，还改善了农村内部收入不均等；范建双等（2018）研究了城镇化对中国经济包容性增长的影响，并未发现城镇化直接影响包容性增长的证据，但是城镇化带来的非收入差距抑制了包容性增长；江鑫和黄乾（2020）研究了乡村公路体系对农村包容性增长的影响发现，乡村公路在缩小乡村内部收入差距的同时还提高了乡村人均收入水平，从而推动包容性增长。本书研究的对象是数字金融，因而在此部分着力探讨包容性增长在数字金融端的突破路径，数字金融可以通过影响包容性增长的三大核心内涵——收入分配、就业均等和机会公平来实现包容性增长：首先，数字金融能够缩小城乡收入差距（宋晓玲，2017）；其次，数字金融能够促进创业（谢绚丽等，2018）和就业（冉光和和唐滔，2021）；最后，数字金融缩小了中国的数字鸿沟，带来平等参与的机会（张勋等，2021）。可见，以数字金融为代表的新兴科技革命在拓展经济发展的空间的同时，还增强了社会公平和发展普惠，从而推动包容性增长。

2.4　数字经济相关理论

　　数字金融是数字经济最重要的组成内容，因而数字经济理论可以为本书提供理论借鉴。事实上，数字经济作为当前中国经济最活跃的领域之一，给社会经济的各个领域带来了全方位的冲击，其发展速度之快、辐射范围之广、影响程度之深在深刻改变中国经济的发展格局的同时也赋予了中国经济增长新特征。

2.4.1　梅特卡夫定律

梅特卡夫（Metcalfe）定律指出，网络价值与用户数量的平方成正比，即接触和使用网络的人数越多，其价值会以几何级数的速度增长。梅特卡夫定律强调了网络的规模效应：只有大量的用户开始使用网络，其价值才会得到放大；只有网络形成了一定的规模，其价值才能够得到充分释放。这显示出信息资源不同于一般资源的独特特征，即可以无损耗地使用，使用的人越多，获取信息的机会就越多，资源总量反而增大，所以价值就越大。

梅特卡夫定律映射到数字经济时代下的经济增长将改变传统经济报酬递减的规律，使得增长过程显示出边际收益递增的特征。其原因在于：第一，随着中国经济进入数字经济时代，数据要素成为了继资本、劳动和技术进步之后进入生产函数的新生产要素，拓展了增长边界。梅特卡夫定律表明，数据具有无损耗的特征，可以以极低的成本进行复制并多次使用。这一特性突破了传统要素中存在的资源稀缺性的限制，强化了边际收益递增特征的前提条件。进一步，数据要素与传统要素的有机结合重塑了价值创造的基础，提升了传统生产要素的质量与效率（Ghasemaghaei and Calic，2020），使得要素边际报酬的提升率比内生增长情形还更高，对经济增长形成放大、叠加和倍增效应（陈晓红等，2022）。第二，网络资源的平均成本会随着使用人数的增加而下降，其边际成本也随之递减（李建军和王德，2015），而梅特卡夫定律表明网络的价值会随着使用规模增加而几何增长，因此，网络规模越大，边际收益就会呈现递增趋势。第三，数字经济具有累积增值性。一方面，数字经济弱化了不同经济部门之间的边界，使得获取信息的成本大大降低，加速了无序信息资源的加工、处理、排序和整合（赵涛等，2020）；另一方面，数字经济时代下的信息传递几乎不会形成额外的成本，而信息的广泛传播会带来不断增加的报酬，这使得数字经济在带给网络投资收益的同时还可以获得额外的信息累积收益。第四，网络的虚拟集聚效应加速了信息的充分交流和资源的有效衔接，提升了经济运行效率，优化了资源配置，放大了数字经济的经济效益。综上所述，数字经济时代下经济增长具备边际收益递增的新特征。

2.4.2　网络外部性

数字技术作为数字经济的核心内容和内在动能，具有强渗透性的特点，能够迅速地进入经济活动的各个方面，催生出经济新业态和新模式，加速数字经济与实体经济的渗透和融合（蔡跃洲和张钧南，2015），从而延展了技术边界、拓展了增长空间，由此带来网络正外部性。网络外部性强调的是产品对于用户的价值随着其他用户的增加而不付出成本。基于数字技术的网络外部性使得数字经济对于经济活动的影响不再局限于固有范畴，进一步将空间范围扩展至地理区域与要素流动交互的新型网络空间，赋予了经济增长空间溢出的新特征（王俊豪和周晟佳，2021）。

伊尔马兹等（Yilmaz et al.，2002）是较早关注信息技术在地理距离上的表现出空间效应的学者，并基于美国州级数据考察了信息基础设施带来的空间溢出效应。凯勒（Keller，2002）从知识溢出的角度对空间距离进行了补充。基于中国的经验证据同样也支持数字金融和数字经济在空间上存在溢出效应，郭峰等（2017）发现中国互联网金融存在较强的正向空间集聚效应，杨慧梅和江璐（2021）发现数字经济对全要素生产率的影响存在显著的空间溢出效应。因此可以推断，数字经济必然也会对经济增长产生空间上的影响赋予其空间溢出的新特征。其原因在于：一方面，经济活动自身存在着空间联系，这种联系不仅表现地理区位的邻近，还表现出组织相关，区域之间的文化习俗、社会环境等组织相关因素都会对经济增长产生影响（李婧等，2010），比如相近文化的地区更容易实现知识的快速吸收和传播；另一方面，数字经济的网络化逻辑重构了区域经济中点线面的内涵，重塑资源配置的路径，将时间拓展成空间的新属性，产生了新的空间组合模式，同时，数字经济通过突破时空限制、压缩地理距离来调动知识、信息和技术，推动了生产要素的跨时空流动、融合与协同，增强了区域间经济活动的联动性，扩展了经济增长的区域场域，从而使得经济增长表现出空间溢出的新特征。

2.4.3　长尾理论

长尾理论（Long Tail）由克里斯·安德森（Chris Anderson，2012）提出。在统计学中，正态曲线中间突起的部分被称为"头部"，两边狭长延展的部分被称为"尾部"，分布在"尾部"的多是零散、量小的需求，往往受到需求量庞大的主流市场的忽略。在"二八定律"的作用下，传统金融机构更加关注盈利情况和收入状态更好的位于顶端的20%的客户，只要抓住这20%的客户，就能够占有80%的市场，这导致位于尾部的客户的金融需求难以获得有效满足。长尾理论强调了数量的重要性，如果尾部市场累加起来，将形成比头部市场还大的市场空间，即细小市场的累积可以形成惊人的需求，从而发挥出长尾效应。数字技术的兴起为长尾理论的实践提供了可能。首先，数字技术的广泛使用突破了时空限制，将数字经济的生产群体扩展到几乎所有能接触到互联网的人群，极大地延展了生产者的边界和形态；其次，互联网信息的累积可以随着时间的延长和空间的扩张而不断增加，而这种增加所耗费的成本是可以几乎忽略不计的，当互联网上群体变成生产者后，又将进一步发挥传播者的作用，加速长尾市场的流动性，释放更大的信息量；最后，数字技术加速了信息的充分交流、克服了信息不对称、降低了搜寻成本，从而精准衔接供给方与需求端。因此，数字技术以更低的成本驱动长尾效应的产生。

特别地，数字金融的兴起让金融机构也开始重视长尾群体，开发长尾市场可以累积到超过头部市场的份额，更重要的是，数字金融的长尾特征意味着数字技术可以以几乎为零的边际成本提供金融服务，从而能够接触到大量未被传统金融覆盖的客户，这是传统金融机构难以做到的。

2.5　本章小结

本章首先从数字金融的金融属性、技术属性和独特优势出发，阐明了数字金融的核心内涵，厘清了数字金融与互联网金融、金融科技在概念上的细微差别：互联网金融更多突出的是互联网公司所开展的金融业务，金融科技更加强调的是金融业务的科技属性，而数字金融一词更加中性，是作为同时涵盖互联网金融和金融科技等内容的更广泛的概念出现的。本书沿用大部分文献的观点与做法，将数字金融界定为银行、证券等传统金融机构和互联网公司等新兴企业借助新一代信息技术开展融资、投资、支付以及其他新型金融业务的新金融模式。其次，在考察经济增长特征事实的基础上，回溯和梳理了经济增长内涵的演变，并依据阿西莫格鲁（2009）将人均收入随着时间的大幅增长看作是经济增长的关键特征来界定经济增长。

在界定数字金融和经济增长的核心概念的基础上，本章归纳和阐述了与研究主题密切相关的理论基础，为本书的理论分析框架提供借鉴。首先，数字技术并未改变数字金融属于金融的本质，因而金融相关理论可以为本书提供借鉴。具体而言，数字金融的高创新性、广覆盖性、强渗透性以及靶向特征，有效地克服了信息不对称、降低了交易成本、提升了运行效率、推动了金融普惠，因此，先梳理和总结了与之相关的金融发展理论、金融中介理论、普惠金融理论。其次，本书将系统考察数字金融的经济增长效应及其作用机制，因而重点回顾了经济增长相关理论。具体而言，数字金融一方面可以通过影响储蓄投资决策、改善资源配置效率、优化风险管理等渠道促进经济增长，另一方面可以通过影响收入分配、就业均等、机会公平来实现包容性增长，因此梳理和总结了新古典主义增长理论、内生增长理论、包容性增长理论。最后，数字金融是数字经济最重要的组成内容，因而数字经济理论可以为本书提供理论借鉴。具体而言，数字经济赋予中国经济增长边际收益递增、空间溢出、长尾效应等新特征，因此梳理和总结了梅特卡夫定律、网络外部性、长尾理论等数字经济基础理论。

第 3 章

数字金融的发展概况与经济增长的特征事实

本章主要分析中国数字金融的现状、趋势和不足以及与城市经济增长的相关性，为后文研究提供直观事实和初步证据。首先，梳理和总结中国数字金融的演进轨迹、发展特征与推动因素；其次，进一步利用"北京大学数字普惠金融指数"定量刻画出数字金融的动态趋势与区域分布，进而指出数字金融给中国金融体系带来的重大变化和发展中存在的问题；最后，将数字金融及其子维度与城市经济增长进行相关分析，为后续的因果关系考察提供典型事实。

3.1　数字金融的发展进程与推动因素

3.1.1　数字金融的演进轨迹

数字技术与金融服务的不断融合是金融发展进程中的自然趋势。从 20 世纪 80 年代的电子化记账系统到 21 世纪初的资金异地实时汇转，再到如今的金融机构数字化转型，中国金融的业态和模式经历了翻天覆地的变化。中国数字金融的发展以 2003 年为分水岭，2003 年之前是数字金融的萌芽期，2003 年之后数字金融便进入了飞速发展阶段。在数字金融萌芽阶段的早期，金融电子化和金融信息化是其最鲜明的特征，出于降低运作成本、提升经营效率的目的，金融企业和金融机构开始设立信息部门，并在金融业务中使用信息技术软硬设备。进入 20 世纪 90 年代，金融渠道电子化开始成为金融创新和金融科技的发展方向，出现了科技主导的互联网虚拟金融交易平台，大量金融业务被从线下转到了线上。然而，无论是金融业务电子化，还是金融渠道电子化，都没有利用和融合数据要素，因而未改变金融业务的过程，对金融体系的变革十分有限。

2003 年，支付宝的诞生标志着中国数字金融开始步入金融服务智能化的阶段。支付宝模式最大的优势在于建立起了买卖双方的信任关系，有效克服了传统金融中广泛存在的信息不对称难题，成功地将人们的消费习惯与商业结构紧密起来，并在此基础上检测和利用交易数据对用户进行信用分析，精准地提供个性化和智能化的金融服务。虽然支付宝早已于 2003 年便诞生，但不少学者认为，直到 2013 年在线货币基金余额宝的推出才在真正意义上推动了中国数字金融的快速腾飞（黄益平和黄卓，2018）。在短短不到 5 年间，新兴的数字金融以惊人的速度革新了金融业的各个方面，并深入经济社会的各个领域，成为人们生活中难以缺少的一环。目前，中国数字金融无论是规模还是技术都处于全球前列，据 H2 Ventures 和毕马威发布的全球金融科技公司 100 强中，美国 15 家，中国 10 家，前 12 强中国占 4 强。在支付业务方面，中国人民银行发布的《2023 年支付体系运行总体情况报告》显示，2023 年银行处理的电子支付业务共 2961.63 亿笔，金额高达 3395.27 万亿元；非银行支付机构处理的网络支付业务共 1.23 万亿笔，金额达 340.25 万亿元。

对于 2013 年之后的数字金融，互联网已经不再是推动科技与金融结合的动能，大数据、云计算、人工智能、区块链等新一代信息技术开始与金融服务深度融合，通过数据协作形成与数字经济匹配的金融新形态，金融与科技之间的边界也变得越来越模糊。此时，数字金融不再是在传统金融服务的基础上简单加上数字元素，而是以数字技术为驱动的金融模式的重塑。与此同时，数字金融的边界也在不断延展，涉及基础设施、支付清算、融资筹资、投资管理和保险五大方面，包含智能合约、数字身份识别、数字货币、移动支付、数字信贷、数字证券、智能投资等具体业务，传统金融基于信用的框架逐渐被改变为基于数据的框架，传统金融的产品设计、业务流程和组织结构都被逐步重塑，可以说，数字金融颠覆了传统金融的技术、模式与业态，开启了数字技术驱动金融创新的新时代。

展望未来，数字金融还将继续深入融入人们的生活方式和经济活动，不断提升经济运行效率，成为中国经济增长的新引擎。数字金融下一阶段的发展方向可能会向金融智慧化迈进，在这一阶段，数字金融将进一步弱化传统金融服务的部分职能、缩小核心服务的边界、退化单一账本的交易中介、剥离金融对于实物资产的依赖，数字金融商业模式的主力军将由消费金融、汽车金融逐渐转为产业金融、普惠金融（何平，2021）。数字金融还将加速金融业数字化转型，拓展金融服务的应用场景，实现真正的金融智慧化。

3.1.2　数字金融发展与中国金融体系变革

当前，中国数字金融呈现出蓬勃发展的趋势，并以惊人的速度革新了传统金融的技术、模式与业态，为构建现代金融体系、深化金融体制改革注入了新的动能。数字金融给中国金融系统带来第一个重要变化是改变了传统金融的支付渠道结构。数字金融带动了移动支付的飞速发展，并成为人们生活中的重要组成部分，使传统的银行支付渠道退居到支付渠道后端，重构了支付渠道结构。更重要的是，数字金融带动的移动支付穿越了"胡焕庸线"，推动区域间差异收敛，促进东西部平衡发展。著名地理学家胡焕庸 1935 年从黑河到腾冲画了一条线，线以东 43.7% 的土地养活了 95% 的人口，线以西 56.3% 的土地仅仅养育了 5% 的人口，东西差距的现实制约着西部经济的发展。黄益平和陶坤玉（2019）发现，数字金融，特别是移动支付在 2018 年首次穿过"胡焕庸线"，为西部地区追赶东部地区提供了新的机遇，从而推动东西部差异收敛。

数字金融给中国金融系统带来第二个重要变化是改变了转接清算的市场结构。数字金融的一个鲜明的特征是非金融机构开始成为金融服务的提供者，第三方支付金融机构作为非金融机构的典型代表，在数字金融的发展进程中成长迅速。《2023 中国第三方支付行业研究报告》显示，2022 年第三方支付的总规模年高达 490.7 万亿元，同比增长 9.3%。由于早期的支付宝并未与银联形成合作协议，只能寻求分别与不同银行直连，进而形成一个潜在的转接清算组织，这种创新的银行直连模式打破了银行间转接清算市场的垄断，从而改变了转接清算的市场结构。直连模式一直持续到 2017 年中国人民银行成立网联清算有限公司，网联的成立使得所有第三方支付金融机构不能再与银行直连，必须通过一个共有的转接清算平台进行资金清算。至此，中国转接清算市场形成了由传统银联负责的网下清算和由网联负责的非银行线上转接清算的市场结构。

数字金融给中国金融系统带来第三个重要变化是数据使用方式的改变。由于传统的风控方法难以对缺少信息的小微企业的风险进行有效识别，而小微企业一般又缺少可以抵押的资产，故常常面临融资困境。数字金融内嵌的新一代数字技术，能够实现内外部数据的动态交互和多维连接，通过充分挖掘用户的手机账单、数字足迹、保险记录等多维信息，对用户的信用水平进行精准画像，从而更有效地进行风险监测，创新了融资模式。大数据对抵押资产的替代给金融系统乃至宏观经济影响深远。基于大数据的信用贷款能够去除房价、信贷与经济增长之间金融加速器效应（王勋等，2021），从而有助于稳定宏观经济。

特别值得指出的一点是，数字技术的兴起虽然对中国金融系统产生了重要变化，但改变的只是金融的形态，并未改变数字金融的核心属性，数字技术只不过是手段，数字金融的本质还是金融，无论其形态如何变化，服务实体经济、促进经济增长仍然是金融的重要功能和使命。

3.1.3　中国数字金融飞速发展的推动因素

中国数字金融的飞速发展成功实现了对发达国家的"弯道超车"（贝多广，2017），如今，无论是在规模还是在技术上，中国数字金融都处于全球前列，成为了经济增长的新支撑，为加快构建双循环新发展格局注入了新动能。中国数字金融的飞速发展主要得益于三个重要推动因素：

首先，传统金融服务供给不足加速了数字金融的跨越式发展。长期以来，中国经济增长依赖于投资驱动，政府干预程度较高，虽然中国金融抑制程度呈下降趋势，但是高于同时期的转型经济体（Huang and Ge，2019）。抑制性的金融政策形成了中国金融体系两个突出的特点：一是中国金融部门的规模庞大，但是市场机制的空间狭小；二是银行主导的传统金融体系更偏好于向国有企业、大型企业提供金融服务。这样的后果是，作为创新最活跃主体的民营企业、小微企业的资金需求难以满足，融资难、融资贵的困境成为制约民营企业、小微企业发展空间的最大障碍。数字金融的一大主要功能就是推动金融普惠，通过突破物理网点和人工服务的束缚拓展金融服务的覆盖范围，通过克服银行信贷对于征信记录和抵押担保的依赖降低金融服务的成本，通过大数据风控方法对用户精准画像来降低信息不对称、提升金融机构的风险管控能力，从而以广覆盖、低成本、高效率的金融服务让被传统金融机构排斥在外的民营企业、小微企业能够享受同样的金融服务。因此，当传统金融服务供给不足时，企业会寻求新的金融渠道，这使得数字金融一诞生便被迅速接受，并且得以飞速发展。

其次，数字技术的快速发展加速了数字金融的推广与应用。一方面，数字技术的成熟与发展，尤其是智能手机的普及，有效地克服了金融服务的时空限制，极大地拓展了金融服务的覆盖面，吸收了大量的客户；另一方面，在"二八定律"的作用下，传统金融机构更加关注盈利情况和收入状态更好的位于顶端的20%的客户，只要抓住这20%的客户，就能够占有80%的市场，这导致位于尾部的客户的金融需求难以获得有效满足。数字金融的兴起让金融机构开始重视长尾群体，开发长尾市场可以累积到超过头部市场的份额，更重要的是，数字金融的长尾特征意味着数字技术可以几乎为零的边际成本提供金融服务，从而能够接触到大量未被传统金融覆盖的客户，这是传统金融机构难以做到的。

最后，差异化的监管环境推动了数字金融的蓬勃发展。中国金融监管机构出于金融稳定的考量，对于传统金融机构采取了严格的金融监管政策，包括准入限制等。这些监管政策对于维持金融稳定具有一定的积极意义，但是也增加了传统金融机构提供金融服务的成本，制约了其发展空间。相较于传统金融机构的强监管，数字金融的监管环境则宽松许多。当数字金融诞生的时候，中国金融监管部门无法按行业划分将新兴的数字金融纳入监管范围，因而数字金融受到的监管约束更小，监管环境更加宽容（Stulz，2019）。更重要的是，中国人民银行发布的金融科技规划确保了数字金融进一步释放数字红利。央行发布的《金融科技发展规划（2022—2025 年)》强调了数字驱动、创新引领的原则，确立了稳妥发展数字金融、深化金融与科技融合的主线，为缩小数字鸿沟、推动数字金融高质量发展提供了顶层设计，这些政策红利为数字金融的持续发展提供了有力的支撑。

3.2 数字金融的测度、趋势与问题

3.2.1 数字金融的指标体系

中国数字金融的飞速发展加速了数字经济与实体经济的深度融合，对中国经济的各个方面都产生了重大影响。要量化考察中国数字金融的发展现状与经济效应，需要一套利用科学的方法全面测度数字金融发展程度与动态趋势的指标体系。一些研究机构会定期发布数字金融指数，如北京大学数字金融研究中心发布的"北京大学数字普惠金融指数"、零壹财经发布的"金融科技发展指数"、清科研究中心发布的"科技金融发展指数"等。其中，北京大学数字金融研究中心与蚂蚁科技集团研究院联合编制的"北京大学数字普惠金融指数"在参考了传统普惠金融指标体系设计基础上（Demirguc-Kunt and Kapper，2012；Sarma，2012），从覆盖广度、使用深度和数字化程度3 个一级维度来构建指标体系。基于指标体系，进一步通过指标无量纲化处理和层次分析法合成了 2011～2020 年中国内地省市县三个层面的数字金融总指数，为学术研究者和政策制定者了解中国数字金融的发展状况提供了现实支撑。目前已有大量的国内外学者借助该指数对中国数字金融的经济效应开展了深入的研究，极大地丰富了数字金融的实证研究内容。

除此之外，国内学者还尝试使用不同测算方法对数字金融进行测度。部分学者使用文本挖掘法来构建相关指标，比较有代表性的如李春涛等

（2020），首先，他们通过梳理金融科技相关的重要报告、会议和新闻，整理了一套关键词汇，包括人工智能、大数据、机器学习、区块链、第三方支付、数字货币、移动支付、云计算等48个金融科技的相关词；其次，在百度新闻中结合年份、城市与相关词汇搜索新闻页面；再次，利用技术获取新闻页面的网页源代码，提取搜索数量；最后，将每年同一城市的所有相关词汇检索结果数量汇总，得到金融科技的代理变量。郭品和沈悦（2019）同样使用了文本挖掘法来构建互联网金融指数。

部分学者使用金融科技企业数量来衡量金融科技发展水平，这样做的依据在于金融科技企业能够动态地反映金融科技发展业态。比如宋敏等（2021）选取了金融科技、物联网、大数据等词汇，在"天眼查"网站获取与以上词汇相关的企业的注册信息，在进一步删除不合理的样本后，通过加总每一城市每年金融科技企业的数量得到地区金融科技发展水平。顾海峰和闫军（2019）也是通过加总互联网金融企业数量来构建互联网金融指数的。

北京大学数字金融研究中心与蚂蚁科技集团研究院共同编制的"北京大学数字普惠金融指数"是目前国内最权威、最全面的数字金融指数，该指数无论是在时间连续性和数据完整性上，还是在方法科学性和覆盖全面性上都要优于其他测度方法和指标体系，因而成为了国内使用最广泛的数字金融指标体系（郭峰和熊云军，2021），为研究数字金融影响中国经济的微观机制和宏观效应，识别数字金融的发展水平、区域分布和瓶颈障碍提供了重要的工具和参考。沿循已有研究，本书也选用这套指标体系来衡量中国数字金融发展水平。

"北京大学数字普惠金融指数"基于代表性数字金融机构的亿万金融消费者的微观数据，在参考了传统普惠金融指标体系设计基础上（Demirguc-Kunt and Kapper，2012；Sarma，2012），以数字金融的普惠特征、动态可比性、多元多层次服务为主要构建原则，同时结合数字金融催生的金融服务新业态，从覆盖广度、使用深度和数字化程度3个一级维度来构建指标体系，全面科学地测度了中国省市县三个层面的数字金融发展程度，为学术研究者和政策制定者了解中国数字金融的发展状况提供了现实支撑。在一级指标下，该指数还包括11个二级指标和33个三级指标，具体指标如表3-1所示。

表 3 - 1 指标体系

一级指标	二级指标		三级指标
覆盖广度	账户覆盖率		每万人拥有支付宝账号数量
			支付宝绑卡用户比例
			平均每个支付宝绑定银行卡数
使用深度	支付		人均支付笔数
			人均支付金额
			高频度（年活跃 50 次及以上）活跃用户数占年活跃 1 次及以上比
	货币基金		人均购买余额宝笔数
			人均购买余额宝金额
			每万支付宝用户购买余额宝人数
	信贷	个人消费贷	每万支付宝成年用户中有互联网消费贷的用户数
			人均贷款笔数
			人均贷款金额
		小微者经营	每万支付宝成年用户中有互联网小微经营贷的用户数
			小微经营者户均贷款笔数
			小微经营者户均贷款金额
	保险		每万支付宝用户被保险用户
			人均保险笔数
			人均保险金额
	投资		每万支付宝用户参与互联网投资人数
			人均投资笔数
			人均投资笔数
	信用		自然人信用人均调用次数
			每万支付宝用户使用基于信用服务用户数
数字化程度	移动化		移动支付笔数占比
			移动支付金额占比
	实惠化		小微经营者平均贷款利率
			个人平均贷款利率
	信用化		花呗支付笔数占比
			花呗支付金额占比
			芝麻信用免押笔数占比
			芝麻信用免押金额占比
	便利化		二维码支付笔数占比
			二维码支付金额占比

资料来源：郭峰等（2020）。

为了提取不同维度的有效信息，将众多指标合成一个综合指数，首先，需要将不同指标无量纲化处理，郭峰等（2020）依据数字金融的基本特征，使用对数型功效函数法进行无量纲化处理；其次，在此基础上，采用变异系数法、层次分析法确定权重；最后，由下往上逐层算数加权平均得到综合指数。其中，一级指标覆盖广度的权重为 54%，使用深度的权重为 29.7%，数字化程度的权重为 16.3%。使用深度下二级指标权重设置为：支付 4.3%、货币基金 6.4%、信贷 38.3%、保险 16%、投资 25%、信用 10%，数字化程度下二级指标权重设置为：移动化 49.7%、实惠化 24.8%、信用化 9.5%、便利化 16%。

3.2.2　数字金融发展的趋势与分布

（1）各省份数字金融的发展特征。为了把握数字金融的发展规律，本小节首先采用数字金融指数从省级层面来刻画数字金融的整体演进特征和动态趋势。表 3 - 2 显示了 2011～2020 年中国 31 个省份数字金融指数的均值和排名，图 3 - 1 显示了省级数字金融指数的均值和中位数。可以看出，各省份指数中位数从 2011 年的 40.35 增长到 2014 年的 257.11，再增长到 2018 年的 381.92，2020 年增长到 396.04，10 年间规模扩大了近 10 倍，平均增长率为 29.1%，表明数字金融在中国实现了飞跃式的发展。特别是 2020 年新冠疫情暴发之后，中国经济受到冲击，经济增速较往年下降，但是数字金融满足了疫情防控时期大众对于非接触式金融的需求，仍比上一年增长 5.6%。在疫情最严重的湖北省，数字金融发展水平排名上升至第 8，显示出数字金融在稳定经济发展、释放增长新动能上的独特优势。

表 3 - 2　　　　　　　省级数字金融的演进特征

地区	省份	2011～2015 年		2015～2018 年		2019～2020 年	
		均值	排名	均值	排名	均值	排名
东部	上海	162.66	1	257.10	1	421.11	1
	北京	161.67	2	255.16	2	408.44	2
	浙江	149.91	3	238.33	3	397.19	3

续表

地区	省份	2011～2015 年		2015～2018 年		2019～2020 年	
		均值	排名	均值	排名	均值	排名
东部	天津	139.69	4	223.79	6	352.79	7
	福建	136.88	5	228.32	5	370.32	5
	江苏	135.68	6	231.99	4	371.71	4
	海南	129.09	7	223.57	7	336.40	11
	广东	128.24	8	216.01	8	370.07	6
	山东	120.95	10	210.25	11	337.59	10
	辽宁	118.20	13	201.27	17	318.65	18
	河北	112.92	17	199.17	18	313.88	21
中部	安徽	118.86	11	207.58	12	340.23	9
	湖北	118.43	12	210.40	10	351.52	8
	江西	116.19	15	204.92	13	329.57	15
	山西	113.60	16	202.72	14	317.23	20
	湖南	110.62	19	196.28	21	321.44	17
	河南	110.14	20	202.37	15	331.47	14
	吉林	109.62	21	193.59	24	300.52	28
	黑龙江	109.56	22	193.91	23	299.48	29
西部	重庆	127.22	9	215.74	9	335.12	12
	内蒙古	117.30	14	201.29	16	301.64	24
	广西	111.09	18	198.12	19	317.54	19
	陕西	109.35	23	197.18	20	332.47	13
	四川	108.63	24	193.94	22	325.97	16
	新疆	108.63	25	193.05	25	301.35	25
	宁夏	106.77	26	190.65	28	301.17	26
	甘肃	104.13	27	188.98	29	297.32	30
	云南	103.23	28	192.03	27	310.97	22
	贵州	101.13	29	192.66	26	300.73	27
	西藏	97.11	30	184.99	30	302.16	23
	青海	92.01	31	171.49	31	290.44	31

资料来源：根据北京大学数字金融中心提供的数据计算和整理得出。

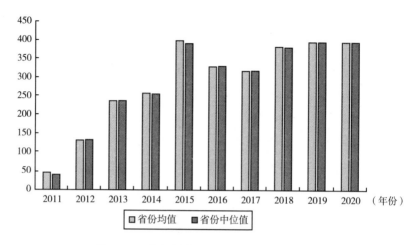

图 3 – 1　省级数字金融指数的均值与中位数

表 3 – 2 显示，从区域间来看，数字金融在东、中、西部地区存在一定的区域差异，东部地区的数字金融发展水平要领先于中西部地区，东部的上海、北京和浙江长期领先于全国其他省份，西部的青海则相对靠后。可能原因在于，东部地区在地理区位、人口规模、传统金融基础、网络基础设施等上均具备一定的优势，从而为数字金融的快速增长提供了有力的支撑；而西部地区受限于地理位置、技术条件、经济水平等因素，数字技术与金融服务的融合进程相对较慢，因而数字金融发展相对滞后。但是，2011 年数字金融发展水平最高的上海是排名最低省份青海的 4.94 倍，这一差距逐渐缩小至 2020 年的 1.45 倍，表明东西部地区在数字金融发展水平上的差异并未表现出扩大的态势，区域间的差异反而在逐渐缩小，这说明数字金融相比传统金融具备更强的地理渗透性和区域覆盖性。

（2）代表性城市数字金融的发展特征。中国经济发展的一个突出特征就是城市化，城市是中国经济增长的重要驱动力量。因此，本小节进一步选取数字金融发展水平排名前 10 的代表性城市，从城市层面来描述数字金融的发展特征。表 3 – 3 可以看出，排名靠前的城市主要来自东部地区，特别是江浙沪地区，说明东部沿海城市的数字金融发展水平领先于其他地区，尤其是作为中国电子商务引领城市的杭州，其数字金融发展水平一直处于领头地位。但是如果列出排名前 20 名的城市则会发现，中部地区的长沙、武汉，西部地区的成都也跻身其中，进一步，2011 年排名最高的杭州的数字金融发展水平是排名最低的海北藏族自治州的 7.63 倍，这一差距逐渐缩小至 2020 年的 1.53 倍，说明西部城市与东中部城市在数字金融发展水平上的差距大幅缩小，体现出数字金融的普惠特征。

表 3 – 3　　　　　　　　　　代表性城市数字金融的发展特征

城市	省份	2011 年	排名	城市	省份	2020 年	排名	较 2011 年变化
杭州	浙江	86.18	1	杭州	浙江	334.48	1	0
嘉兴	浙江	84.39	2	上海	上海	320.79	2	+1
上海	上海	81.18	3	深圳	广东	319.24	3	+18
南京	北京	79.76	4	厦门	福建	314.27	4	+1
厦门	福建	79.28	5	南京	江苏	313.90	5	−1
金华	浙江	79.46	6	北京	北京	311.96	6	+1
北京	北京	78.78	7	广州	广东	310.34	7	+17
珠海	广东	78.28	8	苏州	江苏	309.80	8	+2
武汉	湖北	78.19	9	金华	浙江	307.33	9	−3
苏州	江苏	77.58	10	常州	江苏	304.52	10	+5

资料来源：根据北京大学数字金融中心提供的数据计算和整理得出。

为了更全面地讨论城市间数字金融发展差距是否在缩小，本小节进一步扩大样本量，将所有地级市纳入考察范围。具体做法为，将排序在当年数字金融发展水平最高值为基准的 80% 范围内的城市记为第一梯队，70% ~ 80% 为第二梯队，60% ~ 70% 为第三梯队，60% 后为第四梯队。在 2011 年时，第一梯队主要集中在东部杭州、上海、北京等超级大城市，大部分城市属于第四梯队；到 2015 年，第一梯队扩大到东南沿海城市、中部城市和重点城市，第四梯队的城市数量大幅下降；再到 2020 年时，第一、第二梯队已十分壮大，绝大部分城市已经处于第一、第二梯队，说明如今绝大部分城市的数字金融发展水平都处于当年数字金融发展水平最高城市的 70% 范围内，区域差异大幅降低。

（3）数字金融不同维度的发展趋势。从数字金融的总指数出发难以揭示数字金融不同维度之间的发展差异，因而进一步利用数字金融的一级指标来描述覆盖广度、使用深度和数字化程度的发展趋势。图 3 – 2 显示了数字金融三个子维度的发展趋势，表 3 – 4 显示了不同区域数字金融子维度的发展特征。可以看出，覆盖广度和数字化程度均呈现出稳定上升的态势，与数字金融的总体发展特征较为一致；使用深度呈现出从上升到下降然后再稳定上升的态势，且东、中、西部城市均表现出同样的波动趋势，可能原因在于2013年推出的余额宝等数字金融产品扩大了金融服务的应用范围。

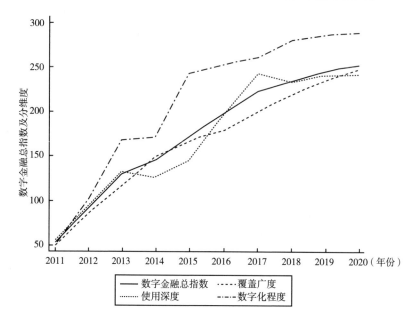

图 3 - 2　数字金融总指数及一级指标的发展趋势

表 3 - 4　　　　　　　不同区域城市数字金融一级指标的发展特征

地区	子维度	2011 年	2012 年	2013 年	2014 年	2015 年	2016 年	2017 年	2018 年	2019 年	2020 年
东部	覆盖广度	64.68	101.58	130.93	162.85	181.55	194.35	214.94	233.71	250.93	266.10
	使用深度	65.94	110.09	149.19	138.27	160.81	208.10	256.70	250.32	258.76	267.24
	数字化程度	44.05	95.80	165.53	160.73	237.39	244.46	257.51	286.03	293.72	299.21
中部	覆盖广度	43.20	79.12	108.43	141.47	159.65	170.70	192.51	211.99	228.93	244.99
	使用深度	52.22	95.21	130.81	124.39	145.14	195.78	241.05	231.67	239.02	244.88
	数字化程度	48.68	100.26	166.79	171.05	240.17	258.72	263.12	281.25	285.69	293.09
西部	覆盖广度	42.35	78.37	107.87	141.19	158.64	169.79	191.58	211.06	226.92	242.61
	使用深度	47.62	82.87	115.03	111.08	131.07	183.50	230.07	217.31	223.43	227.83
	数字化程度	58.17	109.04	173.59	184.67	253.41	257.99	262.56	272.31	276.59	283.16

资料来源：根据北京大学数字金融中心提供的数据计算和整理得出。

从增速上来看，数字化程度的增速最快，覆盖广度次之，使用深度最慢。一个重要原因在于，使用深度的测算口径是随着数字金融的逐渐发展而动态调整的，会不断纳入新的业务（张勋等，2021）。但是增速在不同年份也不尽相同，使用深度在 2014～2017 年增速非常快，这说明随着数字化程度和覆盖广度发展到一定程度，使用深度开始成为推动数字金融飞速发展的重要动能。

从区域差异来看，覆盖广度与使用深度呈现出东部城市领先于中部城市、中部城市优于西部城市的发展差异，但是这种差异并不明显；数字化程度的区域差异有所不同，2011～2017 年，数字化程度呈现出西部城市比东中部城市发展得更迅速的局面。这表明，数字化程度是东、中、西部城市之间数字金融发展水平收敛的原因，也在一定程度上显示出数字金融是一种包容性极强的普惠金融，为西部城市追赶东中部城市提供了可能。

3.2.3　数字金融发展中存在的问题

数字金融突破了金融服务对于物理网点和人工服务的依赖，提升了金融机构运行效率，让被传统金融机构排斥在外的小微企业、偏远地区群体、低收入人群能够享受同样的金融服务。同时，数字金融发挥出长尾效应，以几乎为零的边际成本服务亿万用户，如今，数字金融已成为人们生活中不可或缺的一环。进一步，数字金融催生出的新技术、新模式和新业态创造出新的发展空间，也带来了更多参与的机会。这都显示出数字金融在服务实体经济中扮演着重要角色。虽然数字技术与金融服务的深度融合具备诸多突出优势，但是在发展过程中也暴露一些亟待解决的问题。

第一，数字金融的监管问题。相较于传统金融机构的强监管，数字金融由于发展初期无法按具体行业纳入中国金融监管体系的范围，因而面临的监管环境更加宽容，这给数字金融的飞速发展提供了空间，也暴露出金融监管体系不健全的问题。同时，数字金融的高创新性使得传统监管指标可能失效，数字金融的强渗透性和广覆盖性加速了风险跨区传递，这都给当前中国金融监管体系的分行业监管模式带来了挑战。监管的缺失，一方面可能导致风险蔓延至正规金融体系，增加系统性风险的防范难度；另一方面可能加速数字平台的网络效应，形成垄断势力，加剧不正当竞争，从而不利于数字金融服务实体经济。尤其是P2P（个人对个人网络借贷）行业集中暴露出的网贷风险，显示数字金融相关监管政策的势在必行。目前对于数字金融的监管准则尚缺乏统一的标准，黄益平（2017）认为，应提升数字金融的监管的信息化和科技性，进而有效平衡数字金融的赋能与风险，并提出了沙盒监管的政策建议。吴善东（2019）认为，数字金融的监管应以保护消费者和投资者权益为前提，监管重点应放在防范技术风险上面，监管方向应同时考虑到合规与创新。孙友晋和王思轩（2020）认为数字金融的监管思路应强化监管手段的科技应用和监管过程的数据搜集，通过打造嵌入式结算工具进行深入介入，以信息共享来促进监管机构的合作与联动。参考以上分析，本书认为，对于数字金融的监管要把握两个主要方向：一是在防范风险的同时能够包容金融创新，可借鉴监管沙盒的模式实行科技监管；二是保持监管的一致性，重视《新巴塞尔资本协议》的标准和实施。

第二，数据安全和隐私保护问题。随着中国经济进入数字经济时代，个人数据也进入了网络化时代，随之带来了数据安全与隐私保护的问题。个人用户线下行为的数字化以及其在互联网平台留下的大量数字足迹，给数字金融平台提供了大量的数据和信息，数字金融内嵌的大数据、机器学习等新一代数字技术实现了内外部数据的动态交互和多维连接，通过有效挖掘用户的海量数据，能够对用户的个性需求、信用水平、风险承担进行画像，这在为用户提供精准金融服务的同时，也可能导致用户个人信息和隐私泄露。其原因在于，数字金融平台采集用户数据时，数据保护机制仍不完善，再加上部分金融科技公司将大量研发资金投入到市场开发上，欲通过技术优势占领市场，这在一定程度上挤占了数据安全技术的研发，形成了数据安全保护不足的薄弱点，进而制约了数据的高效流通。强化数据隐私保护、构建安全数据环境应明确界定数据所有权、使用权和管理权，按照"用户授权、最小够用、专事专用、全程防护"的原则制定不同管理规则。

第三，数字鸿沟问题与新的金融排斥。数字金融赋能经济增长强烈依赖于底层基础设施建设，尤其是以大数据中心、人工智能、5G基站等为标志的"新基建"为数字经济与数字金融的快速发展提供了有力支撑，进而推动中国经济发展模式由要素驱动向技术创新驱动转型。然而，互联网的扩张是不平衡的，一些地区迅速数字化的时候，一些地区则被快速边缘化。这种不平衡的发展产生了新的金融排斥，形成了数字鸿沟，从而带来了新的机会不平等，阻碍人们均等享受数字红利。数字鸿沟形成的原因在于数字技术的技能偏向特征，具有信息优势和数字技能优势的群体能够享受到数字金融释放的红利，而知识匮乏和数字技能障碍的群体则被"隔离化"（Arkinson and Messy，2013）。中国互联网络信息中心（CNNIC）发布的第 53 次《中国互联网络发展统计报告》显示，2023 年农村地区互联网普及率为 66.5%，网络融入行动还需进一步向农村群体和老龄化群体推进。报告显示的不上网的原因中，不懂网络技能是最主要的因素，可见知识和信息匮乏已成为数字金融充分释放数字红利的一大障碍。

3.3　数字金融与经济增长的典型事实

3.3.1　数字金融及其子维度与经济增长的相关分析

本小节对数字金融与经济增长进行相关性分析，为后面的因果关系考察提供一个直观的事实和初步的证据。基于数字金融指数与人均实际 GDP 对数值[①]的测算值，绘制了数字金融与人均实际增长的散点图和拟合线。图 3 - 3 显示，数字金融总指数与人均实际增长的拟合线的斜率为正，说明数字金融与经济增长之间呈现出明显的正相关关系，即数字金融发展水平的不断提升与城市经济的持续增长之间存在着紧密的联系。

数字金融作为一个多维度的概念，既涵盖了包括金融服务触达范围的覆盖广度和包括数字金融活跃度的使用深度，也涵盖了包括金融服务便利化程

---

① 参考钱海章等（2020）的做法，用人均 GDP 的对数值来衡量人均实际经济增长。具体度量上，以 2011 为基期，用地区生产总值指数将人均名义 GDP 折算为人均实际 GDP，以剔除掉价格因素的影响，然后取对数值。

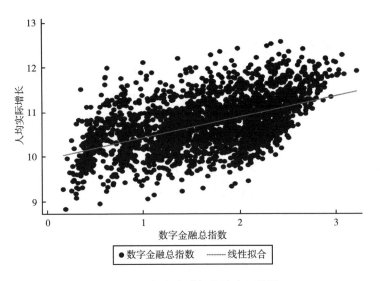

图 3 - 3　数字金融与人均实际增长

度、信息化程度的数字化程度。如果只使用数字金融总指数开展研究，则忽视了数字金融不同维度的效应差异（孙志红和琚望静，2022），同时也无法深入探究数字金融的结构性影响（汪亚楠等，2020）。事实上，数字金融总指数为了提取不同维度的有效信息，将众多指标合成一个综合指数，因而不同子维度会产生不同的影响效应。因此，进一步从覆盖广度、使用深度和数字化程度三个一级维度出发，分析三个子维度与经济增长的相关性。

图 3 - 4 ～ 图 3 - 6 显示了覆盖广度、使用深度、数字化程度与人均实际增长的散点图和拟合线，可以看出，三个子维度与人均实际增长的拟合线的斜率为正，说明数字金融从覆盖广度、使用深度和数字化程度三个方面都与经济增长存在正相关，三个子维度对于经济增长同样重要。其中，覆盖广度涉及绑定银行卡的第三方支付账户的覆盖数量，体现的是数字金融的覆盖范围和触达能力；使用深度涉及数字金融服务的实际使用数量和活跃度，体现的是数字金融的有效需求和实际深度；数字化程度涉及数字金融的便利化和信用化程度，体现的是数字金融的低成本优势和低门槛特征。因此，以数字金融的手段来助力经济增长，不但要扩大数字金融的覆盖范围、弥补传统金融的触达不足，让长尾群体受益，还应该加强数字金融的基础设施建设，尤其是注重新一代信息基础设施的更新和推进。

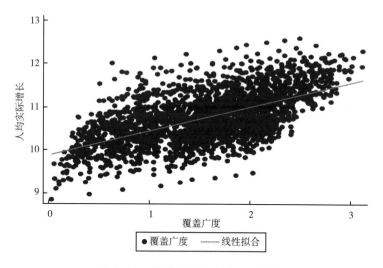

图 3 - 4　覆盖广度与人均实际增长

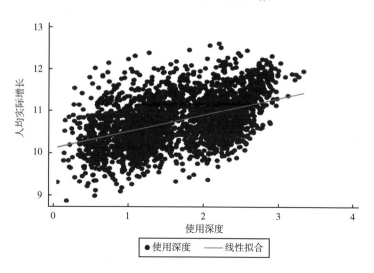

图 3 - 5　使用深度与人均实际增长

3.3.2　数字金融与不同区域经济增长的相关分析

现实中，中国城市存在着较大的地理差异性，这些差异性导致不同区域的资源禀赋和发展阶段具有明显的异质性，进而形成城市间的经济增长水平差异。《中华人民共和国国民经济与社会发展第十四个五年规划和 2035 年远

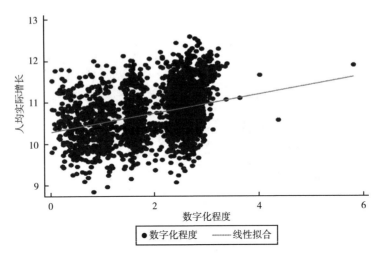

图 3 - 6　数字化程度与人均实际增长

景目标纲要》提出，促进区域间融合互动，发展中促进相对平衡。我国先后实施了西部大开发、东北全面振兴、中部地区崛起等区域重大战略，东、中、西部地区成为了区域政策的板块基础。因此，本小节从区域视角来进一步来分析数字金融与经济增长之间的相关性。

随着中国加入世界贸易组织，对外开放的范围、领域和层次进一步加大，中国由此进入了经济开放新纪元。图 3 - 7 显示了自中国入世以来，城市的人均实际增长的区域动态，东、中、西部城市均呈现上升的趋势。具体到增速，2002～2007 年，东部的经济增速明显领先于中西部地区，经济增速从 2002 年的 11.6% 提高到 2007 年的 14.4%；2007～2013 年，受到全球金融危机的影响，东、中、西部地区的增速均高位波动下降，但西部地区领先于东中部地区，中西部地区均高于全国平均水平；2014～2020 年，中部地区的增速领先于西部地区，西部地区略高于东部地区，但整体放缓趋稳，这是中国经济进入新常态的一大明显特征。

图 3 - 8～图 3 - 10 显示了东、中、西部城市与人均实际增长的散点图和拟合线。可以看出，东、中、西部城市数字金融指数与人均实际增长的拟合线的斜率均为正，说明不同区域城市数字金融与经济增长存在着正相关关系，即东、中、西部城市数字金融发展水平的不断提升与城市经济的持续增长之间存在着紧密的联系。事实上，中国城市存在着较大的地理差异性，这

些差异性导致不同区域的资源禀赋和发展阶段具有明显的异质性，进而形成东部城市的经济发展程度领先于中西部城市。相关性分析显示，数字金融与生俱来的普惠性和包容性，在一定程度上能够靶向引导金融资源流向中西部城市，为中西部欠发达城市追赶东部发达城市提供了后发优势。

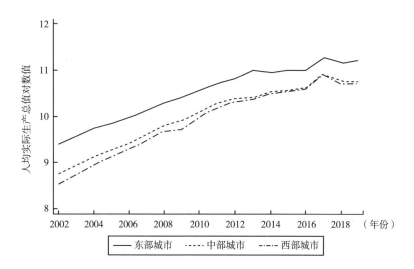

图 3-7　东、中、西部城市 2002～2019 年的人均实际增长趋势

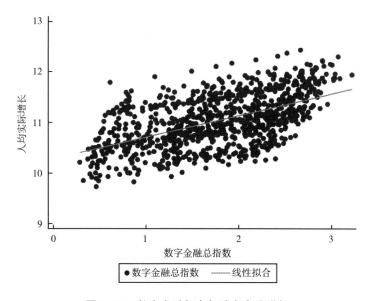

图 3-8　数字金融与东部城市人均增长

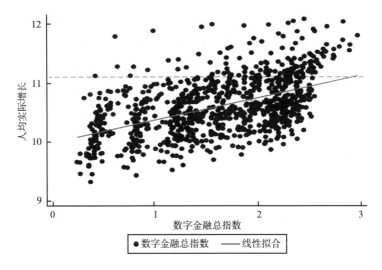

图 3 - 9 数字金融与中部城市人均增长

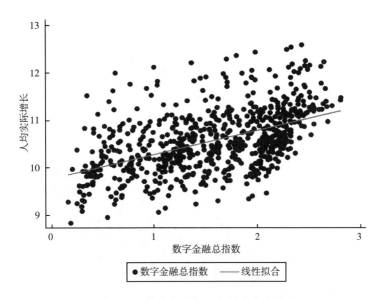

图 3 - 10 数字金融与西部城市人均增长

　　但是，相关关系并不等于因果关系。数字金融与经济增长之间因果效应还需要在实证中采用更严格的计量方法进行识别。本书将在第 5 章中对上述问题进行深入分析，系统考察数字金融影响经济增长的总效应、结构效应和区域效应。

3.4　本章小结

　　本章主要分析中国数字金融的现状、趋势和不足，以及与城市经济增长相关性，为后面研究提供直观事实和初步证据。本章第一部分梳理和总结中国数字金融的演进轨迹、发展特征与推动因素。首先，2013 年在线货币基金余额宝的推出推动了中国数字金融的快速腾飞，在短短不到 5 年间，数字金融以惊人的速度革新了传统金融的技术、模式与业态。其次，数字金融给中国金融系统带来的重要变化：其一，数字金融改变了传统金融的支付渠道结构；其二，数字金融改变了转接清算的市场结构；其三，数字金融改变了数据使用方式。最后，中国数字金融的飞速发展主要得益于三个重要推动因素：第一，中国传统金融服务供给不足加速了数字金融的跨越式发展；第二，数字技术的快速发展加速了数字金融的推广与应用；第三，宽容的监管环境推动了数字金融的蓬勃发展。

　　本章第二部分介绍了目前国内使用最广泛的"北京大学数字普惠金融指数"的指标体系和测度方法，并利用这套指标体系定量刻画出中国数字金融的动态趋势与区域分布，进而指出其中存在的问题。首先，整体来看，数字金融省级指数中位数 10 年间规模扩大了 10 倍，平均增长率为 29.1%，实现了飞跃式的发展。其次，从城市层面来看，排名前 10 的城市主要来自东部地区，特别是江浙沪地区，说明东部沿海城市的数字金融发展水平领先于其他地区。2011 年排名最高的杭州市数字金融发展水平是排名最低的海北藏族自治州的 7.63 倍，这一差距逐渐缩小至 2020 年的 1.53 倍，说明西部城市与东中部城市的数字金融发展差距在大幅缩小。再次，数字金融的覆盖广度和数字化程度均呈现出稳定上升的态势，与数字金融的总体发展特征较为一致，使用深度呈现出从上升到下降然后再稳定上升的态势，且东、中、西部城市均表现出同样的波动趋势；从增速上来看，数字化程度的增速最快，覆盖广度次之，使用深度最慢。最后，虽然数字金融具备诸多突出优势，但是在发展过程中也暴露一些监管、数据安全和隐私保护、数字鸿沟等的新问题。

　　本章第三部分考察了数字金融与经济增长的典型事实，为后续研究提供初步证据。通过数字金融与经济增长相关分析发现，数字金融从覆盖广度、使用深度和数字化程度三个方面都与经济增长存在正相关紧密的正向联系，三个子维度对于经济增长同样重要；数字金融与东、中、西部城市的经济增长也呈现出明显的正相关。但是，这种相关关系并不等同于因果效应，数字金融与经济增长的因果关系还需要在后文中采用更严谨的实证策略进行进一步识别。

第4章

数字金融驱动经济增长的理论分析框架

作为数字技术与金融服务的有机结合体，数字金融首先遵循的是金融的本质属性与基本规律。金融深化和金融发展理论认为，金融体系是经济增长的重要推动力，可以通过影响储蓄投资决策、改善资源配置效率、优化风险管理等渠道促进经济增长（King and Levine，1993）。其次，借助于数字技术的赋能，数字金融在促进、放大和倍增经济增长上还具备了独特的优势：第一，数字金融突破了金融服务对于物理网点的束缚，摆脱了风险评估对于征信记录和抵押担保的依赖，从而提升了信贷可得性、弥补了传统金融的供给不足；第二，数字金融作为技术驱动型金融创新，能够依靠数字技术挖掘多维度多层次的信息来满足金融业处理海量信息的需要，从而降低了信息搜寻、处理和验证成本，有效克服信息不对称，缓解金融资源错配，提升金融供给质量；第三，数字金融提升了金融机构处理交易的速度，尤其是支付系统的革命，缩短了结算链条，使得金融服务能够便捷地被应用到更广阔的场景，从而加速了流通与交换速度，并最终提升了金融运行效率；第四，数字金融让被正规金融服务排斥在外的长尾群体能够享受到同样的金融资源，推动了普惠金融的发展。可以看到，数字金融以低成本、高效率、广覆盖的优势为经济主体提供可持续的金融服务，实现了金融普惠与精准覆盖的双重目标，为经济增长提供了金融供给端的新动能。因此，数字金融对于畅通实体经济的金融血脉、实现经济增长的提质增效有着重要的推动作用。

基于上述逻辑，本小节进一步对经济增长的动力进行分解。分解中国经济增长主要动力的重要意义在于，不但能够更好地判断经济增长的潜能，还可以厘清数字金融影响经济增长的具体机制，从而有助于构建一个数字金融影响经济增长的一般性理论框架。目前对于增长动力的分解，最常用的方法是生产函数法，该方法以新古典理论为基础，将总产出表现为各种投入要素的函数，能够较为全面地反映各种投入要素对经济增长的贡献，从而准确刻画经济增长的核心特征（Klenow and Rodriguez，1997；吴国培等，2015）。主流文献（樊纲等，2011；郭豫媚和陈彦斌，2015）通常将产出增长率分解为三种主要投入的增长率：资本、劳动力和全要素生产率。这也跟绝大部分增长理论与历史经验的分析一致，资本、劳动力和技术是影响经济增长最重要的三大动力。三大因素对于经济增长的贡献影响着经济增长动力的转变，其中，资本是推动经济增长的重要途径，劳动力是经济增长不可或缺的推动力量，全要素生产率是经济增长的动力源泉（陈彦斌和刘哲希，2016）。

综上所述，本章以资本、劳动力和全要素生产率为三大主要渠道，深入剖析数字金融如何通过这三条渠道来促进经济增长。相较于已有文献探索数字金融对经济增长的影响多从单一视角出发，导致研究视角的系统性和综合性的不足，本章以经济增长的三大因素为主线，系统揭示了数字金融与经济增长之间的内在机理，从而形成一个较为完整的理论分析框架。透过该理论框架，厘清"数字金融—作用机制—经济增长"在宏观层面的理论逻辑，深化数字金融的经济增长效应的理解，同时为后面的实证研究提供理论支撑。

本书理论分析框架的简化图如图 4-1 所示，本章将从下一小节开始依次剖析数字金融影响经济增长的资本渠道、劳动力渠道和全要素生产率渠道。

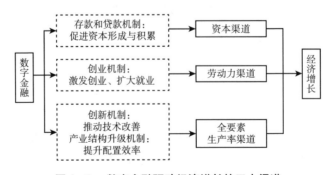

图 4-1　数字金融驱动经济增长的三大渠道

4.1　数字金融驱动经济增长的资本渠道

4.1.1　资本积累是推动经济增长的重要途径

本小节从理论和事实两个层面分别剖析资本积累在经济增长中的重要地位。无论是古典主义增长理论、凯恩斯主义理论，还是新古典主义增长理论、内生增长理论，都强调了资本在经济增长中的重要地位。不同于古典主义增长理论将资本看作是经济增长中最核心的要素，新古典主义增长理论认为，由于资本边际产出存在递减的趋势，即随着投资的增加，其带来的新增单位投资回报率会逐渐降低，因此，投资驱动型的经济增长只有水平效应，只有技术进步才是驱动经济持续增长的长期动力。之后的内生增长理论搭建了技术进步与资本边际产出的新联系，认为技术的外溢、制度的优化等情况能够缓解资本边际产出递减，从而为投资驱动型经济增长提供更大的持续动力。这一观点在发展中国家更有可能发生，其原因在于：一是发展中国家技术进步的路径与发达国家存在很大的不同，新资本的形成往往伴随着新技术的使用，而数字经济时代信息高速流通加速了新技术的外溢，使得资本边际产出处于一个较高的水平；二是发展中国家普遍存在资本不足现象，以投资驱动经济增长仍有很大的持续空间。

虽然资本不是长期经济增长的决定性因素，但其作为实现经济增长至关重要的路径，在经济增长中的基础性作用尤其值得重视。从直接贡献来看，资本作为影响经济增长的三大因素，在其他因素不变的情况下，资本积累能够自发地促进产出的持续增加；从间接贡献来看，资本积累构建了经济增长的基础，传统部门剩余劳动力的转移和技术创新均立足于这一基础之上（田萍和张鹤，2017），任何技术应用都必须通过投资来实现。

从经验事实来看，资本在当前经济增长中重要性也仍未改变。从全球视角出发，占据世界经济总量 85%、人口 66% 的 G20 国家中，资本积累与劳均 GDP 的关系稳定正相关（杨先明和秦开强，2015），虽然技术进步是推动长期经济增长的根本渠道，但是物质资本积累对于各国的经济增长的重要性不容置疑，尤其是对于当前中国而言，我国劳均资本水平较低，要实现经济增长持续增长，强调资本积累对于经济增长的重要性是必要且有效的手段。从中国视角出发，已有研究的基本共识是，虽然不同测算方法下资本贡献程度存在一定差异，但是改革开放以来，资本在经济增长中的贡献率远远高于劳动力和全要素生产率，是中国经济增长的第一推动力（余泳泽，2015；程名望等，2019），并且资本在经济增长中的贡献地位十分稳定，其贡献力度呈现出在波动中逐渐大幅增加的趋势（朱子云，2017）。因此，无论是从经济理论还是从典型事实来看，资本都是推动中国经济增长至关重要的途径。基于上述逻辑，如果数字金融显著促进了资本积累，则必然会对经济增长产生正向促进效应。

4.1.2　数字金融促进资本积累的存贷款机制

本小节将搭建数字金融如何影响资本进而促进经济增长的理论分析框架。首先，从数字金融的本质属性来看，无论其形态如何变化，其本质还是金融，因而遵循金融的最核心规律：优化资源配置；其次，数字技术与金融服务的融合深刻改变了金融业的模式和业态，使得数字金融具备了传统金融所不具备的高创新性、广覆盖性、强渗透性以及靶向特征。因此，数字金融不仅能发挥跨时空配置资金的作用，还将改变人们的存款和贷款行为，进而影响资本的形成与积累。

（1）数字金融促进资本积累的存款机制。数字金融吸纳了存款，进而为经济增长提供资本。一方面，数字金融发展促进了移动支付技术的革新与升级，移动支付可以通过影响家庭金融资产配置来作用于居民储蓄存款。具体而言，数字金融的高创新性改变了传统金融的支付渠道结构，特别是移动支付技术的创新使传统的银行支付渠道退居到支付渠道后端，重构了支付渠道结构，对金融活动产生了深刻影响。中国人民银行发布的《2023 年支付体系运行总体情况》显示，2023 年银行处理的电子支付业务共 2961.63 亿笔，金额高达 3395.27 万亿元；非银行支付机构处理的网络支付业务共 1.23 万亿笔，金额达 340.25 万亿元。家庭金融理论认为，交易成本是限制家庭参与金融市场的重要因素之一（Campbell，2006）。数字金融带来的移动支付创新极大地降低交易成本，提升了金融服务的效率，不仅改变了大众的支付习惯，更深深影响着家庭金融行为。数字金融普及和广泛使用降低了金融市场的进入门槛，越来越多的低收入人群能够进入金融市场，从而促进了金融深化。低收入人群属于耐心消费者，倾向于持有现金以预防未来的不确定性，这部分现金的持有形成了资源闲置和福利损失（龚强等，2020）。当移动支付普及后，取款的交易成本大幅降低，从而吸收更多的低收入人群进入金融市场，低收入群体的财富得以转化为储蓄，并通过金融市场流向实体经济，从而壮大了社会投资规模（段军山和邵骄阳，2022）。

另一方面，数字金融发展会引致居民储蓄存款增加。信息渠道是影响家庭参与金融市场的另一重要因素（Campbell，2006），而数字金融发展促进了金融知识的普及，丰富了金融产品种类，从而拓展了家庭获取金融产品的渠道。具体而言，数字金融的高创新性推动了金融产品创新，通过提供新型金融账户，并以方便灵活的使用方式和较高年化收益率吸引了大量的用户（邱晗等，2018）。这将产生两方面的影响：首先，消费者只有绑定银行卡才能使用支付宝、微信等移动支付，即数字支付过程有助于增加银行卡的使用，从而提升家庭正规信贷获取的可能性；其次，由于数字金融的投资理财、支付清算等业务不能通过现金交易，只能通过存款来完成，因而会引致数以亿计的使用者将现金转化为储蓄存款（肖威，2021），即大量用户会为了使用数字金融而增加存款。

（2）数字金融促进资本积累的贷款机制。数字金融提高了贷款可得性，进而促进金融资源配置和资本积累。一方面，数字金融具备强渗透性和广覆盖性的特点，基于数字技术的网络外部性使得数字金融的触达能力不再局限于固有范畴，拓展了金融服务的覆盖范围，有效缓解了金融排斥。在数字金融普及和广泛使用之前，居民的金融需求依赖于金融实体机构，而中国区域发展差距导致的金融实体机构分布差异，使得金融排斥问题更加突出，居民难以均等享受金融服务。数字技术作为数字金融的内在动能，具有低传递成本和高扩散速度的特点，不仅降低了数据的存储、计算和传输成本，同时也降低了经济活动的搜索成本、复制成本、运输成本、跟踪成本和验证成本（Goldfarb and Tucker，2019），使得要素跨区域跨时空流动成为了可能。数字技术与金融的结合带来了区域经济的空间重组，使得数字金融能够突破物理网点和人工服务对于金融服务的束缚，通过压缩时空限制来调动金融资源，从而拓展金融服务的便利性和可得性，让被排斥在正规金融服务之外的偏远地区、低收入、低学历等长尾群体享受同样的金融资源（郑万腾等，2021），在推动金融普惠的同时，也增加了区域贷款余额。

另一方面，数字金融发展推动了信用管理创新，有效克服了不完全信息带来的金融摩擦问题，靶向引导资金流向贷款需求的企业。在目前中国资本市场不健全的现实下，股权融资难以成为大多数小微企业、民营企业获取资金的主要渠道，而以银行贷款为主的债权融资则受到传统商业银行收集和获取企业运行信息不及时、不准确的影响，导致信贷供需长期处于非充分竞争的扭曲环境中，进而无法为企业提供更多可得性贷款资源（张璇等，2019）。数字金融通过其独特的大数据风控方法多维度、多渠道地收集数据信息，不仅能全面捕捉出资金需求者的信用水平和财务状况，还能根据社会关系、缴税记录、数字足迹等非结构化信息挖掘企业的还款意愿与还款能力等"软信息"（唐松等，2020），从而对企业的不同利益相关者进行精准画像。相较于传统征信系统，数字技术与征信行业的深度融合降低了传统银行信贷对于征信记录和抵押担保的依赖，同时，信息与非结构化信息的结合构成了企业运行状况和信用水平的全面、准确的信息集，并由此形成信息披露的信号机制，缓解了融资困境的根源性难题——银行与企业之间信息不对称，有效衔接了金融资源的供需双方，提升了金融服务的准度与质量，从而优化了信贷资源的配置（封思贤和徐卓，2021）。

综上所述，数字金融带来的移动支付创新和金融产品创新增加了居民储蓄存款，提高了储蓄投资转化率，为区域经济发展提供了资本；数字金融通过缓解金融排斥和克服金融摩擦提升了贷款可得性，推动了区域贷款余额增长和信贷资源有效配置，进而促进了资本积累。而资本作为影响经济增长三大因素之一，是推动经济增长的重要途径，如果数字金融显著促进了资本积累，必然会对经济增长产生正向促进效应。基于以上分析，本小节搭建出"数字金融发展→存款和贷款增加→促进资本积累→经济增长"的传导机制，刻画出数字金融影响经济增长的资本渠道，如图 4 - 2 所示。

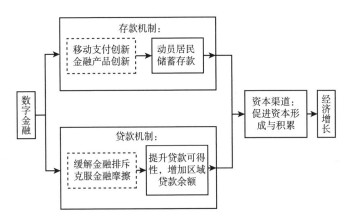

图 4 - 2　数字金融驱动经济增长的资本渠道

4.2　数字金融驱动经济增长的劳动力渠道

4.2.1　劳动力是经济增长不可或缺的推动力量

本小节从理论和事实两个层面分别剖析劳动力在经济增长中的重要地位。劳动力对于经济增长的重要推动作用可以追溯到古典主义增长理论时期，亚当·斯密在《国富论》中强调了分工的重要意义，认为分工促进了劳动生产率的提升，从而推动经济增长。马尔萨斯的贫困陷阱和哈罗德 - 多马模型，都因为人口因素无法求得均衡增长路径而苦恼（罗斯托，2016）。新古典主义增长理论将劳动力数量引入模型，刻画了人口变化与经济增长的内在联系。新增长理论进一步把劳动力的内涵扩大至人力资本，认为劳动力不再仅仅包括绝对的劳动力数量，还包括劳动力教育程度、技术水平、协作能力等劳动力质量因素。蔡昉（2011）指出，人口红利的实质是劳动力的充足供应，从而弥补物质资本边际报酬递减的短板。布鲁姆等（Bloom et al.，2001）认为，人力资本是人口红利赋能经济增长的重要渠道，人力资本积累通过提高劳动要素生产率，进而促进经济增长。因此，充足的劳动力数量是中国经济增长的必要条件，劳动力投入质量（人力资本）是中国经济增长的重要推动力量。

从中国的经验事实来看，劳动力对于经济增长的贡献呈现出两大特点：第一，劳动力对增长的贡献率低于其他两种要素。许多文献并未明确区分劳动力数量与人力资本关系，单纯使用就业人数来衡量劳动力投入，进而测算劳动力投入对经济增长的贡献，发现劳动力的贡献率排在资本和全要素生产率之后（余泳泽，2015）；程名望等（2019）同时考虑了劳动力"量"和"质"的变化，将人力资本积累纳入劳动力范畴，发现1978~2015年劳动力对中国经济增长的贡献为8.56%，也远远低于其他要素的贡献率。第二，贡献率在波动中大幅下降的主要原因在于第二产业的下拉作用（朱子云，2017）。虽然劳动力对于经济增长的贡献率不及资本和全要素生产率，但仍是中国经济增长不可或缺的重要力量，技术使用、产业升级、区域发展都离不开劳动力的基础推动作用，特别对于具有超大规模人口数量的中国而言，充足、优质的劳动力将从生产端和消费端发挥我国超大规模市场优势，为推动经济增长奠定重要的基础。因此，无论是从经济理论还是从典型事实来看，劳动力都是经济增长不可或缺的推动力量。

4.2.2 数字金融促进劳动力投入的创业机制

基于上述分析，本小节将搭建数字金融如何影响劳动力进而促进经济增长的理论分析框架。在中国经济进入增长速度换挡期、结构调整阵痛期、前期刺激政策消化期的"三期叠加"增长阶段的背景下，创业不仅是稳定就业、促进劳动力投入的关键力量，更是优化经济结构、培育新增长点的重要支撑。而创业规模和创业水平必然会受到金融约束的影响，金融体系的友好程度对于企业创业有着直接影响（Ahlstrom and Bruton，2010）。数字金融不断能发挥传统金融缓解金融约束的功能，其高创新性、广覆盖性、强渗透性和靶向特征等诸多优势必然还会对创业产生重要影响。

（1）数字金融促进劳动力投入的宏观创业机制。从宏观层面来看，数字金融提升金融服务的可得性为创业提供金融支持，由此催生出新的商业形态和场景释放出大量创业机会，进而创造更多就业岗位，扩大就业。一方面，数字金融的强渗透性和广覆盖性拓展了金融服务的空间与范围，提升了不发达区域金融服务的可得性与便利性，从而促进不发达区域的创业活动。金融是影响创业的关键因素之一，然而在中国传统金融体系中，只有很少金融分支机构建立在不发达的地区，难以为不发达地区创业提供必要的金融服务，在一定程度上制约着创业活力（Aghion et al.，2007）。数字金融借助于数字技术的时空穿透力突破了物理网点和人工服务的束缚，将金融服务渗透到传统金融机构无法到达的区域，延展了金融服务的触达范围，丰富了企业融资渠道，让被排斥在传统金融服务之外的长尾群体和偏远地区能够享受同样的金融资源（郑万腾等，2021），弥补了传统金融供给不足，为不发达区域创业提供了有效的金融支持，进而促进地区创业活动。

另一方面，数字金融催生出新的商业业态，释放出大量商业机会，为创业带来新的增长点。作为技术驱动型的金融创新，数字金融的高创新性对传统商业模式和场景产生了重要影响：首先，数字金融重构了传统商业模式中的价值交付环节，使得线上交易成为了可能，从而极大地促进了电子商务的发展，催生出线下线上结合的新兴领域（谢绚丽等，2018），释放出大量创业机会；其次，数字金融发展促进了移动支付创新，提升了支付便利性，放松了消费受到的现金限制力度，使得受到流动性约束的人群借助新的金融手段来平滑消费，释放消费需求（易行健和周利，2018），消费需求的增加助推了消费性服务业的发展（冯永琦和蔡嘉慧，2021），给创业带来了新的空间；最后，数字金融发展促进了借贷创新，基于数字技术的授信过程缩短贷款者的申请时间，压缩审贷过程中的寻租空间，在提升交易效率的同时也有效改善了创业环境和发展窗口，从而促进创业机会的形成。因此，数字金融可以通过催生出新的商业形态释放创业机会，带来新的就业机会和岗位。

（2）数字金融促进劳动力投入的微观创业机制。从微观视角来看，数字金融通过缓解融资约束和信息约束降低了中小微企业创业的融资成本和个体的信息门槛，提升了创业率，进而扩大就业。一方面，数字金融降低了金融服务的成本，克服了信息不对称，为中小微企业创业提供了有效的资金支持。信贷约束是影响创业的一个关键因素，在中国银行主导型的金融体系下，"二八定律"使得中小微企业往往成为银行忽视的长尾群体（张璇等，2019），阻碍了有创业意愿的中小微企业的活力和绩效。数字金融独特的大数据智能风控系统能够精准对企业的信用水平和风险行为画像，降低了对征信记录和抵押担保的依赖，降低了创业企业的融资门槛。同时，数字金融通过多维度、多渠道收集和整理创业者社会关系、缴税记录、数字足迹等大量非结构化数据信息，扩大了信息池，降低了事前信息不对称造成的逆向选择风险（李佳和段舒榕，2022），从而改善了缺乏抵押担保的创业企业的信贷可得性，促进其创业活动。

另一方面，数字金融有效缓解了信息约束，提升了个体创业绩效。及时有效地获取信息有助于创业者动态把握市场机会和政策进行创业，而数字金融的高创新性和强渗透性对破解信息约束发挥着积极推动作用：首先，借助数字技术的创新，数字金融能够定点、准确、迅速地向创业者针对性地推送创业信息，提供创业技能方面的资源，实现与其他创业者合作的信息交互（何婧与李庆海，2019）；其次，数字金融的强渗透性有助于连接不同群体，构建强大的社交网络，提升创业者的社会资本，从而发挥信息传递与共享的功能（张呈磊等，2021）。因此，数字金融可以通过缓解创业者的信息约束来促进个体创业活力与绩效。

综上所述，从宏观层面提升金融服务的可得性和催生新的商业形态，从微观层面降低中小微企业创业的融资成本和个体的信息门槛，进而激发创业活力，创造了更多就业机会和岗位，扩大就业和增加劳动力投入。而劳动力作为影响经济增长三大因素之一，是促进经济持续增长不可或缺的推动力量。基于上述逻辑，本小节搭建出"数字金融发展→激发创业→扩大就业、增加劳动力供给→经济增长"的传导机制，刻画出数字金融影响经济增长的劳动力渠道，如图4-3所示。

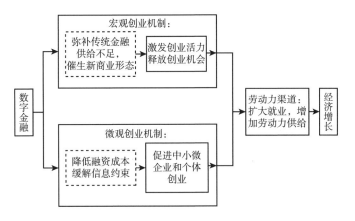

图 4 - 3　数字金融驱动经济增长的劳动力渠道

4.3　数字金融驱动经济增长的全要素生产率渠道

4.3.1　全要素生产率是推动经济增长的动力源泉

本小节从理论和事实两个层面分别剖析全要素生产率在经济增长中的重要地位。技术进步作为经济增长的动力源泉（Romer，1990），在传统意义上被等同于全要素生产率（许宪春等，2020）。从理论上看，新古典主义增长理论认为，在要素边际产出递减的制约下，长期经济增长只有通过技术进步来实现。如何修正新古典主义增长模型中外生技术进步决定的长期人均增长率的缺陷成为了内生增长的研究思路。罗默（1986）通过将新知识投资引入生产函数来实现技术进步内生化，卢卡斯（1988）将人力资本引入生产函数来实现技术进步内生化。这些模型为有目的研发活动带来了技术进步，知识在生产者之间扩散以及从人力资本获得的外部性是上述过程的一个组成部分，因而长期人均增长得以持续下去。因此，技术进步是推动经济长期增长的动力源泉。

从经验事实上看，测算全要素生产率在经济增长中的贡献一直是研究者争论的焦点，原因在于全要素生产率众多度量方法得出的结果差异较大。郭庆旺和贾俊雪（2005）利用索洛残差法估算 1979～2004 年中国全要素生产率贡献率仅为 9.46%。徐现祥和舒元（2009）利用对偶法核算发现，1979～2004 年中国全要素生产率贡献率约为 25%。宋冬林等（2011）基于内生增长模型考察了 1981～2007 年资本体现式技术进步的贡献率约为 10.6%。余泳泽（2015）采用随机前沿模型测算的 1979～2012 年中国全要素生产率贡献率为 10%～20%。程名望等（2019）利用增长核算法和空间计量经济学测算了 1978～2015 年 31 个省份的数据，测算出全要素生产率对中国经济增长的贡献为 22.03%，同时还发现中国经济增长由高投入和高效率双轮驱动变得越来越依赖于效率型增长。尽管测算得出的结果差异较大，但是大多数研究测算出的全要素生产率的贡献都维持在 10%～30%，支持了全要素生产率是中国经济增长的第二力量的结论（余泳泽，2017）。

4.3.2　数字金融提升全要素生产率的创新与产业结构升级机制

基于上述分析，本小节将搭建数字金融如何影响全要素生产率进而促进经济增长的理论分析框架。全要素生产率的提升可以分解为技术改善和资源配置效率提升两条主要途径，数字金融一方面通过"增量规模补充""存量结构优化"、金融创新效应和技术溢出效应促进企业、金融业和区域创新，进而影响技术改善，最终提升全要素生产率；另一方面通过纠正错配效应和人才流动效应促进产业结构合理化和高级化，进而影响资源配置效率，最终提升全要素生产率。

（1）数字金融提升全要素生产率的创新机制。数字金融通过促进创新推动全要素生产率的增长。一方面，数字金融通过"增量规模补充"和"存量结构优化"的路径作用于金融资源，进而促进企业创新。创新具有前期投入成本高、获利相对较慢、不确定性大和风险性较高的特点，这使得中小微企业开展创新可能缺乏有力的资金支持，融资约束限制会强化中小微将资金投向生产而非创新的短视行为。因而有效的金融供给是微观主体开展创新的关键，发达的金融体系能够缓解企业的外部融资约束（Levine，2005），金融加速器理论也认为融资约束是经济加速增长的决定机制（Bernanke et al.，

1999）。"增量规模补充"指的是数字金融在数字技术支撑下，以低风险、低成本的优势吸收金融市场"多、小、散"的金融资源，并以多层次、多渠道的融资方式为中小微企业创新提供资金支持，从而降低创新的融资门槛。而且，数字金融发展带动的数字技术应用丰富了企业决策的技术手段，有助于企业更好地选择创新最优路径（唐松等，2020）。"存量结构优化"指的是数字金融对金融服务产生了提质增效的影响。数字金融通过充分整合和深度处理海量数据，利用结构化信息与非结构化信息来甄别长尾群体的信贷需求，破解了融资困境的关键难题——企业与金融机构之间的信息不对称，从而提高了信贷配置效率（宋敏等，2021），为企业开展创新提供了有效的资金支持。

另一方面，数字金融通过金融创新效应和技术溢出效应促进金融业和区域创新，进而提高全要素生产率。首先，数字金融通过"鲶鱼效应"和"联系效应"的路径作用于金融业的创新与效率。"鲶鱼效应"指的是数字金融推动的金融模式创新带来了多样化的金融产品和多元化的金融服务，对已有金融结构产生冲击，改变金融市场的竞争格局，这将倒逼传统金融机构加速数字化转型（Lee et al.，2021），在提升金融服务的质量的同时，也会降低金融服务的成本，从而推动金融业技术创新和经营效率的提升（Beck et al.，2016）。"联系效应"指的是传统金融机构为了精准定位资金需求、有效评估贷款而积极寻求与金融科技企业合作，通过主动吸收和引入数字技术来提升金融功能效率（廖凯诚等，2021），进而促进金融业的数字化创新。其次，数字金融通过技术溢出效应的路径作用于区域创新。数字金融的高创新性推动了数字技术的升级换代和广泛应用，数字技术的普及和推广能够突破地理距离限制来引导金融资源跨时空配置，将空间范围扩展至地理区域与要素流动交互的新型网络空间。最后，数字金融通过有效整合不同区域的金融资源，打破了信息交流壁垒，提高了资源流通效率，促进了技术和信息的跨区域交流（聂秀华等，2021），推动区域之间知识的流动与融合，从而激发了区域创新能力。

因此，数字金融能够从企业、行业和区域层面促进创新，而创新作为提升全要素生产率最根本的途径，通过释放积淀资源、优化资源配置、破除制度障碍、激发要素活力来实现全要素生产率的提升，进而促进经济增长的提质增效。

（2）数字金融提升全要素生产率的产业结构升级机制。数字金融通过促进产业结构升级，进而提升全要素生产率。一方面，数字金融通过校正传统金融资源的结构性错配促进产业结构合理化。制约金融更好地赋能产业结构的一个关键因素是金融供需不平衡（黄益平和黄卓，2018），具体而言，传统金融的供给不足与国家加快新旧动能转换的战略存在错位，金融资源的结构性错配限制了制造业的创新潜力，阻碍了产业结构的升级与转型，从而表现出产业结构不合理的特征。数字金融在有效吸纳社会闲散金融资源的同时，扩大了金融服务的覆盖面，使得位于尾部的行业也能够享受和重点、热门行业同样的金融资源，有效地缓解了金融排斥。进一步地，依托于数字技术赋能，数字金融能够甄别出具有更好市场潜力的产业方向，引导金融资源靶向流入这些产业，促进金融资源与产业方向的有效匹配，缓解了信贷资源错配，优化了资本转换（Laeven et al.，2015），从而改善产业结构、重塑产业格局。基于上述逻辑，数字金融能够纠正传统金融结构的靶向偏离，校正传统金融供给的"属性错配"和"领域错配"，提升金融机构引导资源配置的效率，从而促进产业结构合理化。

另一方面，数字金融通过人才流动效应促进产业结构高级化。数字金融的广泛应用深化了大数据、云计算、人工智能等新兴数字技术与传统产业的融合，推动了传统产业的网络化和服务化进程，创造出更加智能化和专业化的产业新模式和新业态，有助于加速金融科技人才的区域互动和拓展隐性知识的空间溢出渠道（唐松等，2019），同时吸纳高学历高技能劳动力向新兴的数字化产业流动（余进韬等，2022），从而促进生产要素向高效率产业转移，推动产业结构由劳动密集型向知识密集型转型，助力产业结构向中高端迈进。基于上述逻辑，数字金融加速了传统产业与数字技术的深度融合，提升了知识密集型产业比重，进而促进产业结构高级化。

因此，数字金融促进了产业结构合理化和高级化，进而推动产业结构升级。而产业结构作为生产要素与配置效率的转换器，其升级过程不但可以优化产业间要素的配置，还可以加强要素的协同作用，引导资源和要素从低效率部门向高效率部门流动（龚星宇等，2022），通过释放结构动能推动资源配置实现效益最大化和效率最优化，并最终促进全要素生产率的提升。

综上所述，数字金融发展激发了创新，推动了产业结构升级，进而促进技术改善和优化资源配置效率，并最终起到提升全要素生产率的作用。而全要素生产率作为影响经济增长三大因素之一，是推动经济持续增长的动力源泉，全要素生产率的增长必然会带动经济增长的提质增效。基于上述逻辑，本小节搭建出"数字金融发展→激发创新、推动产业结构升级→全要素生产率提升→经济增长"的传导机制，刻画出数字金融影响经济增长的生产率渠道，如图 4 - 4 所示。

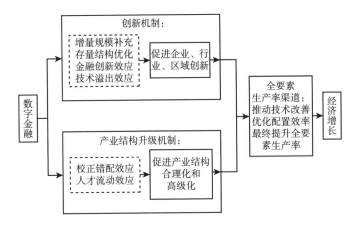

图 4 - 4　数字金融驱动经济增长的全要素生产率渠道

4.4　本章小结

本章以经济增长的三大因素为主线，系统剖析了数字金融影响经济增长的资本渠道、劳动力渠道和生产率渠道，揭示了两者之间的内在机理，从而形成了一个数字金融影响经济增长的较为完整的理论分析框架，厘清了"数字金融—经济增长"在宏观层面的理论逻辑，为后文的实证研究提供了理论支撑。

首先，资本是推动经济增长的重要途径。从数字金融影响经济增长的资本渠道来看：一方面，数字金融带来的移动支付创新和金融产品创新增加了居民储蓄存款，提高了储蓄投资转化率，为区域经济发展提供了资本；另一方面，数字金融通过缓解金融排斥和克服金融摩擦推动了区域贷款余额增长和信贷资源有效配置。因此，数字金融促进了资本积累，进而推动经济增长。

其次，劳动力是经济增长不可或缺的推动力量。从数字金融影响经济增长的劳动力渠道来看，一方面，数字金融提升金融服务的可得性为创业提供金融支持，同时催生出新的商业形态和场景释放大量创业机会；另一方面，数字金融通过缓解融资约束和信息约束降低了中小微企业创业的融资成本和个体的信息门槛，激发小微企业和个体的创业活跃度。进一步地，创业活动的增加创造了更多就业机会和岗位，扩大了就业，增加了劳动力供给，从而促进经济增长。

最后，全要素生产率是推动经济增长的动力源泉。从数字金融影响经济增长的全要素生产率渠道来看：一方面，数字金融通过"增量规模补充""存量结构优化"、金融创新效应和技术溢出效应促进企业、金融业和区域创新；另一方面，数字金融通过纠正错配效应和人才流动效应促进产业结构合理化和高级化。因此，数字金融激发了创新、推动了产业结构升级，进而促进技术改善和优化资源配置效率，并最终起到提升全要素生产率的作用。

第5章

数字金融驱动经济增长的总效应分析

金融深化和金融发展理论认为，金融体系是经济增长的重要推动力，可以通过影响储蓄投资决策、改善资源配置效率、优化风险管理等渠道促进经济增长。进一步，借助数字技术的赋能，数字金融弥补了传统金融的供给不足，缓解了金融资源错配，提升了金融运行效率，推动了普惠金融的发展，在促进、放大和倍增经济增长上发挥出独特的优势。可以看出，数字金融以低成本、高效率、广覆盖的优势为经济主体提供可持续的金融服务，实现了金融普惠与精准覆盖的双重目标，为经济增长提供了金融供给端的新动能。因此，数字金融对于畅通实体经济的金融血脉，实现经济增长的提质增效有着重要的推动作用。基于上述逻辑，本章主要从以下三个方面来考察数字金融的经济增长效应。

第一，将研究视角进一步拓展至城市层面。大多数文献从省级层面来分析数字金融的宏观经济效应，这不但会导致样本量大大降低，还使得研究结论能够获取的有效信息大大降低，难以为决策部门提供更具体的政策参考。本章通过将"北京大学数字普惠金融指数"与《中国城市统计年鉴》相匹配，构建了地级及以上城市的城市面板数据，进而对数字金融的经济增长效应进行更细致的考察，使得研究结论能够获得更多维度的信息和进行更深入的分析。同时，选用城市层面数据的现实依据在于，中国经济呈现出以城市化为主线的突出路径，城市正在成为数字经济的重要功能单元，研究城市数字金融发展具有重要现实价值。

第二，重点缓解了数字金融与经济增长之间因双向因果和遗漏变量等问题带来的内生性干扰。准确识别数字金融与经济增长的因果关系，内生性处理是核心问题，部分文献在内生性的讨论上仍相对比较欠缺。本章借助数据结构的优势，利用地理信息系统分别测度了所在城市到杭州市的距离以及到所在省份的省会的距离，将其作为数字金融的工具变量，同时，借助中国人民银行2016年发布的《G20数字普惠金融高级原则》形成的准自然试验，利用双重差分法来进一步克服内生性干扰，确保了研究结论的可靠性。

第三，在探究数字金融对经济增长的总影响的基础上，采用面板分位数回归、门限回归等多种计量方法，从横纵异质性的视角出发系统剖析了数字金融影响经济增长的结构效应、区域效应、普惠效应、监管效应、动态效应，充分挖掘出数字金融对经济增长的多维度、深层次的影响效应，拓展已有文献的研究内容，有助于对数字金融的经济增长效应作出更有针对性的科学评估。

5.1　研究设计

5.1.1　模型设定

本章将检验数字金融对经济增长的直接影响，在下一章进一步检验数字金融影响经济增长的作用机制。为了准确识别数字金融与经济增长之间的因果关系，参考已有文献的做法（张勋等，2019；汪亚楠等，2020；肖威，2021），首先构建面板数据双向固定效应模型进行考察，模型设定如下：

$$\ln PGDP_{it} = \beta_0 + \beta_1 DF_{it} + \beta_2' X_{it} + \mu_i + \varphi_t + \varepsilon_{it} \qquad (5-1)$$

其中，下标 i 表示城市，t 表示年份。被解释变量 $\ln PGDP_{it}$ 表示 i 城市 t 年的经济增长，用城市人均实际 GDP 的对数值来衡量；核心解释变量 DF_{it} 表示 i 城市 t 时期数字金融发展水平，借鉴主流文献的做法（唐松等，2020；张勋等，2021），采用"北京大学数字普惠金融指数"来衡量；X_{it} 为一系列城市层面的控制变量组成的向量组；μ_i 和 φ_t 分别为城市固定效应和时间固定效应；ε_{it} 为随机误差项。考虑到可能存在的异方差问题和城市经济增长在时间上的关联性，本章采用聚类到城市层面的稳健标准误对模型进行调整（Cameron and Miller，2015）。系数 β_1 的符号、大小及显著性反映了数字金融的经济增长效应，这是本章关注的重点。根据理论分析，预期 β_1 显著为正，即数字金融促进了经济增长。

5.1.2　变量构建与说明

（1）被解释变量：经济增长（lnPGDP）。参考黄宪等（2019）、钱海章等（2020）的做法，用人均 GDP 的对数值来衡量经济增长。具体度量上，以 2011 年为基期，用地区生产总值指数将人均名义 GDP 折算为人均实际 GDP，以剔除掉价格因素的影响，然后取对数值。考虑到政府对于经济增长的关注更多的是集中于增长率（李建军等，2020），因而在后面进一步使用实际 GDP 增长率来衡量经济增长，进行稳健性检验。

（2）核心解释变量：数字金融（DF）。北京大学数字金融研究中心与蚂蚁科技集团研究院共同编制的"北京大学数字普惠金融指数"是目前国内最权威、最全面的数字金融指数，该指数无论是在时间连续性和数据完整性上，还是在方法科学性和覆盖全面性上都要优于其他测度方法和指标体系，因而成为了国内主流文献使用最广泛的数字金融指标体系（郭峰等，2020），本章也选用这套指标体系来衡量中国数字金融发展水平。"北京大学数字普惠金融指数"包含覆盖广度、使用深度和数字化程度 3 个一级维度，其中，覆盖广度体现的是绑定银行卡的第三方支付账户的覆盖数量，使用深度体现的是数字金融服务的实际使用数量和活跃度，数字化程度体现的是数字金融的便利化和信用化程度（具体合成步骤和权重设置详见 3.2.1 中国数字金融的指标体系）。由于数字金融并不是单向发展的，而是朝着覆盖广度、使用深度和数字化程度多维度发展，只选用单一指标无法深入探究数字金融的结构性影响（汪亚楠等，2020），同时也会导致对实证结果的片面解读，因此，本书同时选用数字金融总指数（DF）以及覆盖广度（DF_Coverage）、使用深度（DF_Usage）、数字化程度（DF_Digitization）进行考察。目前，该指标体系发布了 2011～2015 年、2016～2018 年、2019～2020 年三个版本，全面科学地测度了 2011～2020 年中国内地省市县三个层面的数字金融发展程度。为了获取更多维度的信息和进行更细致的考察，本章使用城市层面的数字金融指数来考察数字金融的经济增长效应。考虑到数字金融指数与其他变量在量纲上存在较大差异，本章参考钱海章等（2021）的做法，将该指数及其子维度均除以 100 作为原始数据。

（3）控制变量。为了缓解遗漏变量偏误，参考已有研究，本章控制了一系列城市层面会对经济增长产生影响的变量：

①资本（lnk）。资本是推动经济增长至关重要的路径。一方面，在其他因素不变的情况下，资本积累能够自发地促进产出的持续的增加；另一方面，资本积累构建了经济增长的基础，任何技术应用都必须通过投资来实现。参考王永仓和温涛（2020）的做法，用人均资本存量的对数值来衡量。具体度量上，由于固定资产投资为流量指标，采用永续盘存法将其转换为存量资本，计算公式为：

$$K_t = K_{t-1}(1 - \delta_t) + I_t \qquad (5-2)$$

其中，K_t 和 K_{t-1} 分别表示 t 期和 t−1 期的资本存量，δ_t 表示 t 期折旧率，I_t 表示 t 期新增固定资产投资。为了科学地测算资本存量，本书进一步做如下处理：首先，关于折旧率的选择，现有文献存在较大出入，王小鲁和樊纲（2000）将折旧率设为 5%，张军等（2004）将折旧率设为 9.6%，单豪杰（2008）将折旧率设为 10.96%。本书探究的是城市层面的经济增长效应，借鉴同类研究中程名望等（2019）的做法，选用单豪杰（2008）的测算，将折旧率设为 10.96%。其次，新增固定资产投资使用固定资产投资价格指数进行平减。最后，关于基期资本存量的确定仍参考单豪杰（2008）的做法，将基期实际固定资产投资除以折旧率与样本期内固定资产投资年平均增长率之和，测算得到以 2011 年为基期的资本存量。

②劳动力（L）。劳动力是经济增长不可或缺的推动力量。技术使用、产业升级、区域发展都离不开劳动力的基础推动作用，充足的劳动力将从生产端和消费端发挥我国超大规模市场优势，为推动经济增长奠定重要的基础。

参考金环和于立宏（2021）的做法，用就业人数占总人口的比重来衡量劳动力。

③人力资本（Human）。古典增长理论主要考虑劳动力数量问题，随着经济增长理论的不断深化，人力资本的劳动力特征在经济增长中的位置开始变得越来越重要。新增长理论认为劳动力不再仅仅包括绝对的劳动力数量，还包括人力资本积累在内的劳动力质量（严成樑，2020）。因此，进一步控制人力资本，参考梁婧等（2015）的做法，使用每万人中普通高等学校在校生人数来衡量人力资本水平。

④财政规模（Government）。政府和市场是配置资源的两大手段，推动经济增长既需要有效市场，也需要有为政府。政府财政规模的大小与地区的资金投入紧密相关，财政资金主要用于教育、科技、公共服务等支出，这对推动经济增长有着重要影响（薛涧坡和张网，2018）。参考汪亚楠等（2020）的做法，用一般预算支出与地区生产总值之比来衡量财政规模。

⑤外商直接投资（FDI）。外商直接投资反映了城市的对外开放程度，对外开放可以通过产出效应和技术外溢效应来影响经济增长。产出效应体现为推动对外开放能够通过中间进口品和外商直接投资企业向最终产品部门提供更多的中间投入品（盛斌和毛其淋，2011），技术外溢效应体现为推动对外开放能够让本国追踪、学习和模仿外部先进技术，从而提高本国的技术水平（Taskin and Zaim，2013）。参考随洪光（2013）的做法，使用当年实际利用外资与 GDP 之比衡量外商直接投资。

⑥市场化程度（MI）。市场化改革是释放中国经济增长潜力的关键一环，有助于破除阻碍经济增长中的制度和结构性因素（樊纲等，2011），本书采用樊纲和王小鲁编制的市场化指数来衡量市场化程度，该指数从政府与市场关系、非国有经济发展、产品和要素市场发育程度、中介组织发育和法律制度等方面对市场化进程进行测量，提供了一个稳定反映市场化改革的观测框架。由于本书为了对数字金融的经济增长效应进行更细致的考察，采用了城市层面的数据，而樊纲和王小鲁编制的市场化指数为分省份市场化指数，因此，借鉴郭峰和熊瑞祥（2018）的做法，通过将该指数乘以城市 GDP 的权重得到城市层面的市场化指数。

⑦城镇化水平（Urban）。规模经济使得人口和经济向城市集聚，进而推动城市化进程，城镇化水平的提高对经济增长有明显的推动作用（李静静和乐菲菲，2011）。参考钱海章等（2020）的做法，用城镇人口与总人口之比直接投资来衡量城镇化水平。

⑧产业结构（Structure）。产业结构作为生产要素与配置效率的转换器，不但会影响产业间要素的配置，还会影响要素的协同作用，通过释放结构动能推动资源配置实现效益最大化和效率最优化，并最终影响经济增长。参考肖威（2021）的做法，用第二产业增加值占 GDP 的比重来衡量产业结构。

⑨基础设施（Infrastructure）。基础设施作为经济活动的齿轮，不仅可以为资源与人才的流动提供便利，还可以打破市场分割，降低交易成本（张勋等，2018），从而为推动国内大循环奠定基础、为经济增长提供保障。参考滕磊和马德功（2020）的做法，用人均道路拥有面积来衡量基础设施。

5.1.3 数据来源与变量描述性统计

本章主要使用了四套数据。第一部分数据为区域层面的数字金融指数，数据来自《北京大学数字普惠金融指数》，与大多数使用省级层面数字金融指数的研究不同，本书将研究视角拓展至城市层面，选用了信息维度更加丰富的城市数字金融指数；第二部分数据为市场化指数，来自樊纲和王小鲁编制的《中国分省份市场化指数报告（2021）》；第三部分为工具变量数据，本书利用所在城市到杭州市的距离以及到所在省份的省会的距离作为数字金融的工具变量，这部分数据由地理信息系统测算后获得；第四部分数据，即其余城市层面数据来自国家统计局城市社会经济调查司编著的《中国城市统计年鉴》。

值得说明的是，近年来包含地级市固定资产投资额在内的不少统计指标尚未公布，使得本书无法采用相关数据测算资本存量在内的一系列变量，因而将样本区间确定在 2011 ~ 2019 年。样本中少量缺失的数据则使用《中国区域经济统计年鉴》、中国研究数据服务平台（CNRDS）、国泰安数据库

（CSMAR）、司尔亚司数据信息有限公司（CEIC）中国经济数据库等进行填补，极个别无法追踪到的缺失数据使用插值法补齐。通过匹配，得到了 2011 ~ 2019 年中国 281 个地级及以上城市共计 2529 个样本的平衡面板数据。所有名义变量均采用对应价格指数统一折算为以 2011 年为基期的固定价格。表 5 - 1 显示了城市层面各变量的描述性统计结果。

表 5 - 1　　　　　　　　城市层面各变量描述性统计结果

变量	观测值	均值	标准差	最小值	最大值
lnPGDP	2529	10.7179	0.5890	8.8417	12.5910
DF	2529	1.6578	0.6543	0.1702	3.2165
DF_Coverage	2529	1.5607	0.6341	0.0188	3.1091
DF_Usage	2529	1.6372	0.6801	0.0429	3.3196
DF_Digitization	2529	2.0159	0.8199	0.0270	5.8123
lnk	2529	11.9958	0.8495	6.0838	16.2457
L	2529	0.1334	0.1272	0.0248	1.4731
Human	2529	0.0189	0.0244	0.0000	0.1311
Government	2529	0.1802	0.1075	0.0072	1.6272
FDI	2529	0.0178	0.0284	0.0000	0.9762
MI	2529	0.6811	1.1147	0.0713	10.4023
Urban	2529	0.3669	0.2378	0.0468	1.0000
Structure	2529	0.4696	0.1067	0.1068	0.8934
Infrastructure	2529	0.9612	0.5204	0.0868	2.2558

5.2　数字金融影响经济增长的总效应

首先，根据式（5 - 1）进行回归，考察数字金融对经济增长的总效应。本章采用了逐步加入控制变量的方式汇报式（5 - 1）的基准回归结果。表 5 - 2 列（1）的回归结果表明，在没有引入任何控制变量以及个体和时间固定效应的情形下，核心解释变量 DF 的系数在 1% 的水平上显著为正。表 5 - 2 列（2）表明，在没有引入任何控制变量且仅控制城市固定效应和年份固定效应的情形下，核心解释变量 DF 的系数在 1% 的水平上仍然显著为正。表 5 - 2 列（3）的回归结果表明，在加入资本、劳动和人力资本进行进一步控制后，核心解释变量 DF 的系数依然保持显著为正。表 5 - 2 列（4）~ 列（6）在列（2）的基础上依次加入反映财政金融特征的财政规模和外商直接投资，反映城市发展特征的市场化程度、城镇化水平和产业结构以及基础设施，可以看出，在逐步引入控制变量缓解遗漏变量带来的内生性干扰后，核心解释变量 DF 的系数始终保持在 1% 的水平上显著为正，估计结果在不同设定下十分稳健。因此，可以初步得出数字金融显著地促进了经济增长这一结论。

表 5 - 2 基准回归结果

变量	lnPGDP					
	（1）	（2）	（3）	（4）	（5）	（6）
DF	0. 3132 ***	0. 2814 ***	0. 2308 ***	0. 2077 ***	0. 1482 ***	0. 1436 ***
	（0. 0301）	（0. 0282）	（0. 0262）	（0. 0254）	（0. 0232）	（0. 0221）
lnk			0. 1428 ***	0. 1362 ***	0. 1279 ***	0. 1246 ***
			（0. 0314）	（0. 0281）	（0. 01661）	（0. 0152）
L			0. 0701 ***	0. 0653 **	0. 0601 **	0. 0512 **
			（0. 0238）	（0. 0319）	（0. 0237）	（0. 0216）
Human			0. 3382	0. 3573	0. 1482	0. 1319
			（0. 3646）	（0. 3601）	（0. 2581）	（0. 1593）
Government				0. 1252 ***	0. 1122 **	0. 1091 **
				（0. 0491）	（0. 0449）	（0. 0439）
FDI				0. 1702	0. 1432	0. 1014
				（0. 1089）	（0. 0923）	（0. 0757）
MI					0. 0842 ***	0. 0779 ***
					（0. 0161）	（0. 0122）
Urban					0. 0501 *	0. 0464 **
					（0. 0293）	（0. 0219）

变量	lnPGDP					
	(1)	(2)	(3)	(4)	(5)	(6)
Structure					0. 4972 *** (0. 0421)	0. 3521 *** (0. 0359)
Infrastructure						0. 1236 *** (0. 0412)
城市固定效应	未控制	控制	控制	控制	控制	控制
年份固定效应	未控制	控制	控制	控制	控制	控制
adj. R-sq	0.8312	0.8643	0.8751	0.8861	0.8949	0.8949
观测值	2529	2529	2529	2529	2529	2529

注：*、**、*** 分别代表通过10%、5%和1%的显著性检验；括号内为聚类到城市层面的稳健标准误。

从表5-2列（6）的控制变量来看，资本和劳动力的系数都显著为正，说明资本和劳动力是促进经济增长的重要路径和推动力：一方面，资本积累构建了经济增长的基础，任何技术应用都必须通过投资来实现；另一方面技术使用、产业升级、区域发展都离不开劳动力的基础推动作用，充足的劳动力为推动经济增长奠定重要的基础。财政规模的系数显著为正，说明政府的公共支出对经济增长有着正向的促进效应。市场化程度、城镇化水平和产业结构的系数均显著为正，说明市场化改革显著释放了中国经济增长的潜力，城镇化和产业结构的提升对经济增长有明显的推动作用。基础设施显著在1%的水平上显著为正，说明基础设施作为经济活动的齿轮，对经济增长有着明显的正向促进效应。人力资本和外商直接投资的系数在样本期内不显著。

5.3　内生性问题及其处理

准确揭示数字金融与经济增长的因果关系，内生性处理是核心问题，本书的内生性干扰来源于：第一，尽管在基准回归中控制了一系列控制变量以及年份和城市固定效应，模型依然可能存在潜在的遗漏变量，这些遗漏变量同时影响经济增长和数字金融时，就会产生遗漏变量偏误，带来内生性干扰。第二，一方面数字金融发展可以促进经济增长，另一方面经济增长反过来也能带动数字金融的发展，两者之间存在双向因果的关系，因而会带来内生性问题。第三，鉴于数据质量和可得性，本章采用"北京大学数字普惠金融指数"来衡量数字金融发展水平，该指标体系虽然是目前国内测度最全面、使用最广泛的数字金融指数，但不可避免地会产生测量误差问题。测量误差偏误会导致估计结果向零衰减，但从本章基准回归结果的显著性可知，测量误差偏误并非影响本书实证结论的核心因素。

由上述分析可知，可能影响基准回归结果的内生性问题主要来自遗漏变量偏误和反向因果关系。如果存在内生性干扰，即使在大样本的条件下，估计结果仍然无法满足无偏性或一致性，这将影响到因果识别的准确性，进而影响结论的可靠性。然而，部分研究在内生性的讨论上仍相对比较欠缺，值得进一步推进。克服内生性最主要的手段就是寻找工具变量和借助外生政策冲击，本小节接下来将主要采用工具变量法和双重差分法来克服遗漏变量和反向因果带来的内生性问题。

5.3.1 工具变量法

首先对数字金融选取工具变量来克服内生性问题。结合城市层面数据结构的优势，借鉴张勋等（2020）的研究，本小节采用地理距离作为数字金融的工具变量。具体而言，利用地理信息系统分别测度了所在城市到杭州市的距离（IV_1）以及到所在省份的省会的距离（IV_2）。首先，杭州是支付宝等数字金融模式的诞生地，郭峰等（2017）发现，地理上离杭州越远的城市，数字金融越难推广；而距离省会越近的城市，数字金融发展水平往往越高，因而满足相关性条件。其次，外生的地理距离并不会直接作用于城市经济增长，因而满足排他性条件。

由于地理距离是没有时间维度的，直接代入式（5-1）进行面板固定效应回归无效，因而借鉴努恩和钱楠筠（Nunn and Qian，2014）的做法，通过将地理距离与一个具有时间维度的变量进行交互构建新的工具变量。在选择进行交互的对象的时候，本小节的基本思路是利用更高层级的数据进行交互，这一做法可以回溯到埃文斯等（Evans et al.，1992），在经卡德和克鲁格（Card and Krueger，1996）推广后得到广泛使用，经济学者常常把更高层级的变量作为低级层面变量的工具变量（陈云松，2012）。本章的数据来自城市层面，因而考虑用高于城市层面的数据进行交互。本小节将除本城市外的全国数字金融均值（DF-Mean）进行交互。由于全国数字金融平均发展水平必然与数字金融紧密相关，满足了相关性要求，而除本城市外的全国数字金融发展水平不会明显受到某一城市经济增长的影响，满足了排他性要求。因此，本小节构造的工具变量是合理的，下面还将给出合理性的检验。

表 5 - 3 列（1）和列（2）汇报了两阶段最小二乘法的估计结果。在列（1）的第一阶段回归中，工具变量对数字金融的回归系数均在 1% 的水平上显著为负，符合预期。在列（2）的第二阶段回归中，对数字金融选取工具变量后，数字金融对经济增长的影响仍然在 1% 水平上显著为正，系数大小变化也很微小。其中，F 值远大于 10，Hansen 检验 p 值大于 0.1，表明工具变量估计结果是有效的。以上结果表明，在考虑内生性干扰后，数字金融依然显著地促进了经济增长。

表 5 - 3　　　　　　　　　　　　工具变量法回归结果

变量	DF	lnPGDP
	（1）2SLS 第一阶段	（2）2SLS 第二阶段
IV$_1$ × DF-Mean	- 0.0415 *** (0.0034)	
IV$_2$ × DF-Mean	- 0.0764 *** (0.0178)	
DF		0.3745 *** (0.074)
控制变量	控制	控制
城市固定效应	控制	控制

变量	DF	lnPGDP
	（1）2SLS 第一阶段	（2）2SLS 第二阶段
年份固定效应	控制	控制
第一阶段 F 值	—	144.294
Hansen 检验 – p 值	—	0.552
adj. R-sq	0.8949	0.8951
观测值	2529	2529

注：*** 代表通过 1% 的显著性检验；括号内为聚类到城市层面的稳健标准误。

5.3.2　双重差分法

进一步，本小节通过寻找合适的外生场景对数字金融的经济增长效应进行考察。数字金融作为新一代通信技术与金融服务的结合体，其发展水平紧密依赖于信息基础设施的建设，中国人民银行 2016 年发布的《G20 数字普惠金融高级原则》（以下简称《高级原则》）将数字技术赋能普惠金融的原则提升到了国家战略层面，明确了通过政策机制加快信息基础设施的建设的行动目标，并通过扩大消费者服务网点的覆盖范围、推动零售基础设施现代化、构建保护身份数据隐私和安全的法律框架、建立数字金融发展进程的监测机制进一步将数字金融服务延伸至金融匮乏地区。由于政策发布的时间具有外生性（李建军和韩珣，2019），高低数字金融发展水平的城市受到政策影响的强度也存在差异，这为本小节提供了一个识别数字金融与经济增长因果关系的绝佳场景。

现实中，中国不同城市的数字金融发展水平差异较大。部分城市信息基础设施更完善、数字技术创新更突出、金融市场也更加完善，因而数字金融发展水平更高，故以加快信息基础设施的建设、扩大数字金融服务覆盖面为行动目标的《高级原则》的实施对于此类地区的影响较小。而对于部分信息基础设施相对薄弱、数字技术创新程度相对较低、金融市场相对不成熟的城市来说，数字金融在这些地区发展相对缓慢，政策的实施能够有效地弥补传统金融供给的不足，从而更大地释放数字红利助力城市经济增长。换言之，对于数字金融发展水平较高的城市来说，《高级原则》的发布更像是"锦上添花"，而对于数字金融发展水平较低的城市来说，《高级原则》的实施更像是"雪中送炭"。因此，可以合理推断，《高级原则》的实施对于数字金融发展相对缓慢的地区的经济增长促进效应会更大一些。考虑到《高级原则》实施的外生性，本小节将该政策视作一场准自然实验，借助这一准自然实验对不同数字金融发展水平的城市带来的不同程度影响对本章的研究问题进行识别。

本小节通过构建双重差分模型（DID）来评估《高级原则》实施对城市经济增长的影响。参考宋敏等（2021）的做法，本小节依据政策实施前一年各城市数字金融指数的中位数将目标城市分为低数字金融发展水平城市和高数字金融发展水平城市，将其作为处理组和对照组，进而构建双重差分模型如下：

$$\ln PGDP_{it} = \beta_0 + \beta_1 DF\_City_{it} \times Post_{it} + \beta X_{it} + \lambda_i + \mu_t + \varepsilon_{it} \qquad (5-3)$$

其中，下标 i 表示城市，t 表示年份。被解释变量 $\ln PGDP_{it}$ 表示 i 城市 t 年的经济增长，此处仍用城市人均实际 GDP 的对数值来衡量；DF_City_{it} 表示城市 i 是否是处理组，属于则取 1，反之取 0；$Post_{it}$ 取 1 表示 2016 年及之后年份，反之则取 0；X_{it} 为一系列控制变量，包括资本、劳动力、人力资本、财政规模、外商直接投资、市场化程度、城镇化水平、产业结构、基础设施等，测度方法同式（5-1）一致；μ_i 和 φ_t 为分别为城市固定效应和时间固定效应；ε_{it} 为随机误差项。此处仍采用聚类到城市层面的稳健标准误对模型进行调整。交互项 $DF\_City_{it} \times Post_{it}$ 的系数 β_1 捕捉了政策对城市经济增长的影响，这是本小节关注的重点。

表 5-4 汇报了双重差分法的估计结果。表 5-4 列（1）显示，在未加入控制变量的情形下，交互项的系数在 1% 的水平上显著为正，初步验证了政策实施对经济增长有着正向促进效应。表 5-4 列（2）显示，在加入一系列城市层面的控制变量克服遗漏变量偏误后，交互项的系数在 1% 的水平上仍然显著为正，说明《高级原则》实施显著促进经济增长的结论是稳健的。

表 5-4   双重差分法回归结果

变量	lnPGDP		
	（1）	（2）	（3）
DF_City × Post	0.0151 ***	0.0125 ***	
	（0.0044）	（0.0036）	
DF_City × Post$_{2012}$			0.0089
			（0.0071）
控制变量	未控制	控制	控制
城市固定效应	控制	控制	控制
年份固定效应	控制	控制	控制
adj. R-sq	0.8912	0.8948	0.8947
观测值	2529	2529	2529

注：*** 代表通过1%的显著性检验；括号内为聚类到城市层面的稳健标准误。

使用双重差分法需满足平行趋势假设。本小节将式（5-3）中的 Post$_{it}$ 替换成年份虚拟变量，这样不但可以检验平行趋势假设是否成立，还可以考察政策的动态经济效应。图 5-1 显示了估计结果。可以看出，在政策实施前，不能拒绝为 0 的原假设，说明处理组和对照组之间的时间趋势是一致的，满足平行趋势假定。由图 5-1 还可以看出，系数为正且呈现上升的趋势，说明随着时间的推移，政策对经济增长的正向促进效应在逐渐增强。

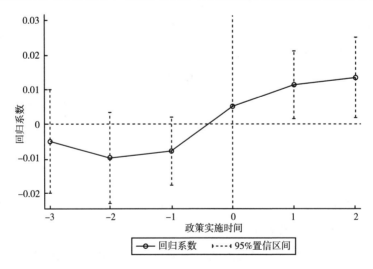

图 5-1　平行趋势检验

最后，通过虚构政策实施时间进行安慰剂检验。尽管在双重差分模型中控制了城市固定效应和年份固定效应，但仍可能存在区域层面不可观测因素的干扰，且随着时间变化产生影响。本小节虚构了政策实施时间，将政策实施时间提前到2012年后重新对式（5-3）进行回归，表5-4列（3）汇报了估计结果。可以看出，将政策实施时间提前后，交互项系数不再显著，表明不存在随机性因素干扰。

5.4　稳健性检验

前面研究发现，数字金融对经济增长有显著的促进作用，这一结论在使用工具变量法和双重差分法缓解内生性之后仍然成立。本小节为了进一步确保这一结论的可靠性，还进行了一系列稳健性检验。

第一，控制省份和年份联合固定效应。在式（5-1）中，本书控制了城市固定效应与年份固定效应，但是在省份层面上仍然可能存在不随时间变化的不可观测因素（刘潭等，2022）。因此，本小节在式（5-1）的基础上进一步引入省份与年份联合固定效应，进行更严格的控制，表5-5列（1）汇报了重新估计的结果。可以看出，在控制了省份与年份联合固定效应后，核心解释变量数字金融的系数仍然在1%的水平上显著为正，说明了基准回归结果是十分稳健的。

表 5 -5　　　　　　　　　　　　　稳健性检验 I

变量	lnPGDP		
	（1）控制省份和年份联合固定效应	（2）更换被解释变量	（3）更换估计方法
DF	0.0737 *** （0.0188）	0.8848 *** （0.3217）	0.3800 *** （0.0133）
控制变量	控制	控制	控制
城市固定效应	控制	控制	控制
年份固定效应	控制	控制	控制

变量	lnPGDP		
	（1）控制省份和年份联合固定效应	（2）更换被解释变量	（3）更换估计方法
联合固定效应	控制	未控制	未控制
adj. R-sq	0.8977	0.8354	—
AR（1）	—	—	− 3.2434 ***
AR（2）	—	—	0.6532
Hansen 检验 – p 值	—	—	0.1667
观测值	2529	2529	2248

注：*** 代表通过 1% 的显著性检验；括号内为聚类到城市层面的稳健标准误。

第二，更换被解释变量。考虑到政府部门更加关注的是 GDP 增长率，因而借鉴李建军等（2020）的做法，用实际 GDP 增长率衡量经济增长，重新对式（5 – 1）回归，表 5 – 5 列（2）汇报了重新估计的结果。可以看出，进一步更换被解释变量后，数字金融系数仍然在 1% 的水平上显著为正，说明数字金融显著促进经济增长的研究结论仍成立，基准回归结果是十分稳健的。

第三，更换估计方法。参考刘潭等（2022）的做法，更换估计方法，使用两阶段系统广义矩估计对式（5 – 1）重新估计，表 5 – 5 列（3）汇报了回归结果。可见，核心解释变量数字金融的系数仍然在 1% 的水平上显著为正，AR（1）、AR（2）和汉森（Hansen）检验显示，估计结果通过了自相关检验和弱工具变量检验，因此，更换估计方法后，数字金融显著促进经济增长的研究结论仍成立，说明了基准回归结果是十分稳健的。

第四，更换估计样本。首先，考虑到北京、天津、上海和重庆四个直辖市无论是在经济规模、人口数量，还是在政策环境上，都与其他地级市存在较大的差别，可能会造成研究结论更显著，因此，本小节利用剔除直辖市后的样本重新估计式（5 – 1），表 5 – 6 列（1）汇报了回归结果，可见，研究结论仍然一致。其次，考虑到在中国的行政体系下，一个城市的行政级别可能是比营商环境、基础设施、教育体系等形成城市高效率的更重要的原因（江艇，2018），在行政级别的偏向性影响下，行政级别更高的副省级城市、省会城市会比其他城市更容易获取金融资源（汪亚楠等，2020），从而实现更好的经济发展。因此，本小节进一步剔除副省级城市和省会城市，重新估计式（5 - 1），表 5 - 6 列（2）汇报了回归结果，可见，核心解释变量系数仍然在 1% 的水平上显著为正，本章的结论是稳健的。

表 5 - 6　　　　　　　　　　稳健性检验 II

变量	lnPGDP			
	（1） 剔除直辖市	（2） 剔除副省级 和省会城市	（3） 缩短样本区间	（4） 缩尾处理
DF	0. 1515 *** （0. 0217）	0. 1481 *** （0. 0229）	0. 0620 *** （0. 0235）	0. 1684 *** （0. 0241）
控制变量	控制	控制	控制	控制
城市固定效应	控制	控制	控制	控制
年份固定效应	控制	控制	控制	控制
adj. R-sq	0. 8948	0. 8943	0. 8996	0. 8941
观测值	2493	2337	562	2529

注：*** 代表通过 1% 的显著性检验；括号内为聚类到城市层面的稳健标准误。

第五，缩短样本区间。不少学者认为，直到 2013 年，在线货币基金余额宝的推出才在真正意义上推动了中国数字金融的快速腾飞，因而 2013 年被业界认为是中国数字金融元年（黄益平和黄卓，2018）。在此后短短不到 5 年间，数字金融以惊人的速度革新了金融业的各个方面，并深入到经济社会的各个领域，成为人们生活中难以缺少的一环。因此，本小节缩短样本时间，使用 2011 ~ 2012 年的样本区间重新对式（5 - 1）回归，表 5 - 6 列（3）显示回归结果仍一致于基准回归结果，本章的结论是稳健的。

第六，缩尾处理。考虑到数据中异常值对估计结果的影响，本小节对所有变量在 1% 和 99% 分位上进行缩尾处理，用缩尾后的样本重新估计，表 5 - 6 列（4）汇报了回归结果。可以看出，核心解释变量的系数仍然在 1% 的水平上显著为正，说明数字金融显著地促进了经济增长，研究结论十分稳健。

5.5   增长效应的多维异质性

前面实证考察了数字金融对经济增长的总影响效应，为了进一步探究总效应背后的影响程度差异，本小节将系统剖析横纵层面上数字金融对经济增长的多维度异质性影响。从横向角度来看，不充分、不平衡的发展格局是中国经济的一大典型特征，数字金融与生俱来的普惠性和包容性在一定程度上能够靶向引导金融资源流向偏远城市、欠发达城市，因而数字金融的经济增长效应在不同区域、不同发展水平城市的异质性值得着力探究。特别地，数字金融的覆盖广度、使用深度和数字化程度对经济增长的结构性驱动效应是怎样的？在守住不发生系统性金融风险的底线的背景下，对数字金融合理有效地监管会强化还是削弱数字金融对经济增长的促进效应？从纵向角度来看，数字金融对经济增长的影响效应是否能够持续？如果答案是肯定的，那么影响效应随着时间的推移是会逐渐强化还是缓慢衰减？因此，深入剖析数字金融影响经济增长的结构效应、区域效应、普惠效应、监管效应和动态效应，不但能够拓展异质性影响效应的内容与深度，还能强化数字金融的精准供给，有效引导金融资源流向实体经济，为改善我国不平衡、不充分的发展局面，实现稳增长与防风险的均衡，持续性推动经济增长提供针对性的政策参考。

5.5.1   结构效应

数字金融作为一个多维度的概念，既涵盖了包括金融服务触达范围的覆盖广度和包括数字金融活跃度的使用深度，也涵盖了包括金融服务便利化程度、信息化程度的数字化程度。现有文献对于数字金融的宏观经济效应的探讨多集中于使用数字金融总指数开展研究，忽视了数字金融不同维度的效应差异（孙志红和琚望静，2022），这容易对实证结果进行片面解读，同时无法深入探究数字金融的结构性影响（汪亚楠等，2020）。事实上，数字金融总指数为了提取不同维度的有效信息，将众多指标合成一个综合指数，因而不同子维度会产生不同的影响效应，因此，十分有必要从覆盖广度、使用深度和数字化程度 3 个一级维度出发，深入讨论数字金融影响经济增长的结构效应。

为了避免将 3 个子维度同时代入式（5 - 1）导致的共线性问题，本小节依次将子维度代入式（5 - 1）进行回归，表 5 - 7 列（1）～列（3）汇报了回归结果。可以看出，3 个子维度对经济增长的影响均在 1% 的水平上显著为正，说明数字金融从覆盖广度、使用深度和数字化程度三个方面都显著促进了经济增长，三个维度对于经济增长同样重要。从系数大小上来看，覆盖广度对经济增长的促进效应最大，使用深度次之，数字化程度最小，这说明增长效应对覆盖广度更加敏感，三大维度同时增加 1 个单位，覆盖广度的经济增长效应远远大于使用深度和数字化程度。

表 5 - 7 结构效应

变量	lnPGDP		
	（1）	（2）	（3）
DF_Coverage	0. 3166 *** （0. 0267）		
DF_Usage		0. 0663 *** （0. 0172）	
DF_Digitization			0. 0142 *** （0. 0052）
控制变量	控制	控制	控制
城市固定效应	控制	控制	控制
年份固定效应	控制	控制	控制
adj. R-sq	0. 8945	0. 8913	0. 8913
观测值	2529	2529	2529

注：*** 代表通过 1% 的显著性检验；括号内为聚类到城市层面的稳健标准误。

中国数字金融的指标体系显示，覆盖广度涉及绑定银行卡的第三方支付账户的覆盖数量，体现的是数字金融的覆盖范围和触达能力；使用深度涉及数字金融服务的实际使用数量和活跃度，体现的是数字金融的有效需求和实际深度；数字化程度涉及数字金融的便利化和信用化程度，体现的是数字金融的低成本优势和低门槛特征。因此，以数字金融的手段来助力经济增长，要同时注重数字金融的各个方面并完善数字金融的不同功能。推动数字金融持续发展，不但要扩大数字金融的覆盖范围，弥补传统金融的触达不足，让长尾群体受益，还更应该强化数字金融的深度，推进数字金融的基础设施建设，尤其是注重新一代信息基础设施的更新，从而实现三个维度的平衡发展，充分释放数字金融驱动经济增长的结构性动力。

5.5.2 区域效应

现实中，中国城市存在着较大的地理差异性，这些差异性导致不同区域的资源禀赋和发展阶段具有明显的异质性，进而形成城市间的经济增长水平差异。东部城市的经济发展程度、传统金融基础、居民金融技能与素养、新型金融机构数量均领先于中西部城市，因而东部城市金融供给不足与金融服务缺位的现象相对较少，运用数字金融整合金融资源、赋能经济增长所释放的边际作用可能会弱于中西部城市。而数字金融延展了金融服务的触达范围，提升了信贷可得性和便利性，弥补了传统金融的供给不足，在一定程度上能够靶向引导金融资源流向中西部金融服务欠缺的城市，为中西部欠发达城市追赶东部发达城市提供了金融端的新工具。因此，本小节从区域异质性的视角出发，进一步考察数字金融的经济增长效应。

参考赵涛等（2020）对于区域的划分，本小节将全样本划分为东、中西部两大子样本来刻画地理区位的差异①，分别对式（5-1）重新回归。表5-8列（1）~列（2）汇报了回归结果。可以看出，无论在东部城市还是在中西部城市，数字金融对经济增长的影响均在1%的水平上显著为正，说明数字金融同时促进了不同区域的经济增长，为东、中西部城市实现经济腾飞提供了新兴金融端的突破路径。从系数大小上来看，数字金融对经济增长的促进

---

① 东部城市包括北京、天津、上海以及辽宁、河北、山东、江苏、浙江、福建、广东、海南八省所辖地级市，中西部城市为重庆以及非上述八省所辖地级市之外的城市。

效应在中西部城市要大于东部城市。进一步地，本小节采用使用似无相关回归（SUR）来检验组间的核心解释变量系数的差异，表5-8最后一行汇报了检验结果。可以看出，核心解释变量系数在东部城市和中西部城市间存在显著差异，这说明，数字金融对经济增长的正向促进效应在中西部城市要远远大于东部城市。

表5-8　　　　　　　　　　　　　　　　区域效应

变量	lnPGDP	
	（1）东部城市	（2）中西部城市
DF	0.0526 * (0.0292)	0.3137 *** (0.0426)
控制变量	控制	控制
城市固定效应	控制	控制
年份固定效应	控制	控制
adj. R-sq	0.8964	0.8917
观测值	898	1631
分组回归系数	$Chi^2 (1) = 9.10$	
差异检验	$Prob > Chi^2 = 0.0026$	

注：*、***分别代表通过10%、1%的显著性检验；括号内为聚类到城市层面的稳健标准误。

基于上述逻辑，以数字金融促进经济增长，对于传统金融基础更好、居民金融技能与素养较高、新型金融机构数量更多的东部城市来说，更像是"锦上添花"，而对于传统金融基础较薄弱、居民金融知识相对较低、新型金融机构数量较少的中西部城市来说，更像是"雪中送炭"。这体现出数字金融能够成为中西部城市在经济增长上追赶东部城市的后发优势，进而起到填平东部城市和中西部城市增长鸿沟的包容性作用。

5.5.3　普惠效应

基准回归的结果刻画了数字金融影响经济增长的平均边际效应，但是无法捕捉不同经济发展程度城市的数字金融的经济增长效应，而数字金融对不同经济发展水平城市的经济增长的促进效应必然是不一样的。由于数字金融的一个典型特征就是普惠性，通过推动金融普惠实现包容性增长（张勋等，2019；傅利福等，2021）。数字金融通过突破物理网点和人工服务的束缚，拓展了金融服务的覆盖范围；通过克服银行信贷对于征信记录和抵押担保的依赖，降低了金融服务的成本和门槛；通过大数据风控方法对用户进行精准画像来降低信息不对称，提升了金融机构的运行效率。综上所述，数字金融以广覆盖、低成本、高效率的金融服务让被传统金融机构排斥在外的长尾群体能够享受同样的金融服务，而这些长尾群体往往收入偏低，因此，数字金融提高了金融服务的覆盖性、便利性和可得性，从而促进了包容性增长。

数字金融的这一普惠性映射到城市经济增长上，可能会使得数字金融的经济增长效应在不同经济发展程度的城市显示出大小差异。经济发展程度较高的城市相较经济发展程度较低的城市而言，传统金融基础更成熟和更完善，因而新兴的数字金融通过突破时空的限制来调动金融资源，进而弥补传统金融的缺位，由此所释放的边际效应在经济发展程度较高的城市会相对更小，在经济发展程度较低的城市会相对更大。因而可以预期，在经济发展程度较低的城市，数字金融对经济增长的促进效应会更大；在经济发展程度较高的城市，数字金融对经济增长的促进效应会相对较小。基于上述逻辑，分组回归难以捕捉不同经济发展程度城市的数字金融对经济增长的边际影响，因此，十分有必要采用新的计量方法进行探索。

为了检验数字金融对不同经济发展程度城市的增长效应，本小节对式（5-1）使用面板分位数回归。分位数回归的优势在于避免了只讨论平均边际效应导致的信息遗漏，有助于充分挖掘数字金融的普惠特征，从而深化对数字金融的经济增长效应的异质性的理解。在分位点的选择上，参考大部分文献（朱一鸣和王伟，2017；肖威，2021；金环和于立宏，2021）的做法，选择10%、25%、50%、75%、90%五个分位点进行面板分位数回归，表5-9汇报了回归结果。可以看出，数字金融对经济增长的促进效应在10%、25%、50%、75%分位点上均显著为正，且促进效应负相关于分位点；促进效应在90%分位点上并不显著。换言之，在低分位经济发展程度的城市，数字金融的经济增长效应要远远大于在高分位经济发展程度的城市，同时，数字金融对经济发展程度最高10%的城市的经济增长没有明显的促进效应。结合5.5.2小节区域效应的结论可以得知，数字金融不但能促进不同区域的经济增长，实现区域经济同步发展，更重要的是，数字金融还能够进一步缩小不同城市间经济发展水平的差异。这说明，数字金融对经济增长的影响具有普惠特征的增长效应。

表5-9	不同分位点上数字金融对经济增长的影响				
变量	lnPGDP				
	（1）10%	（2）25%	（3）50%	（4）75%	（5）90%
DF	0.8408***	0.5161***	0.3886***	0.1952*	0.0069
	(0.2650)	(0.1970)	(0.1570)	(0.1250)	(0.1464)
控制变量	控制	控制	控制	控制	控制
城市固定效应	控制	控制	控制	控制	控制
年份固定效应	控制	控制	控制	控制	控制
观测值	2529				

注：*、***分别代表通过10%、1%的显著性检验；括号内为聚类到城市层面的稳健标准误。

党的十九大报告指出，中国特色社会主义进入新时代，我国社会主要矛盾已经转化为人民日益增长的美好生活需要和不平衡不充分的发展之间的矛盾。聚焦于解决不平衡、不充分的问题，是推进经济高质量发展、构建双循环新发展格局的关键环节，也是完成全面建成小康社会的百年奋斗目标，进而实现社会主义现代化的2035年远景目标的重点领域。本小节研究发现，数字金融有助于缩小城市间经济发展程度的差距，改善我国不平衡不充分的发展局面，这一结论不但拓展了数字金融福利的评估范围、深化了对数字金融的经济增长效应的理解，还为解决新时代主要矛盾提供了政策参考。

5.5.4　监管效应

数字技术的广泛使用并未改变数字金融的核心属性，无论数字金融的形态如何变化，数字技术只不过是手段，其本质还是金融，因而金融系统中"风险—收益"的内核也不会改变。客观上讲，数字金融具有促进增长和诱发风险的双重特征。数字金融以低成本、高效率、广覆盖的优势为经济主体提供了可持续的金融服务，在促进、放大和倍增经济增长上发挥出独特的优势，但也可能因为潜在的技术操作、法律制度的不完善、平台流动性危机等因素形成新的风险（黄益平和陶坤玉，2019）。特别地，数字金融与生俱来的空间无界性能够弱化地理、区域和金融机构的边界，加之网络外部性带来的放大效应和外溢效应能够加速风险跨区传递，使得金融风险可以迅速扩散至整个金融系统，这不但导致数字金融无法有效服务实体经济，还将影响金融市场稳定性。因此，在党的十九大报告提出"要健全金融监管体系，守住不发生系统性金融风险的底线"的背景下，如何平衡数字金融创新与金融体系监管显得迫切而必要。

不可否认，数字金融的飞速发展离不开发展初期宽松的监管环境。但是，宽容的监管环境一方面可能增加系统性风险的防范难度，另一方面可能形成平台垄断势力，加剧不正当竞争，尤其是P2P行业集中暴露出的网贷风险说明数字金融相关监管政策的势在必行。随着国务院于2016年组织央行、证监会、银监会等14个部门启动互联网金融风险专项整治，对于数字金融的监管正式拉开序幕。金融创新与合理的监管结合有助于减缓金融摩擦。一方面，强化数字金融监管是防范和化解金融风险的重要手段；另一方面，对数字金融合理有效的监管不但能够强化数字金融的精准供给、提升企业的数字金融的使用深度、增强大众对于数字金融的使用意愿、促进数字金融行业有序发展，还能够有效引导金融资源流向实体经济，抑制企业"脱实入虚"（李青原等，2022），从而让数字金融更好地服务实体经济。因此，本小节在探究数字金融与经济增长的内在联系时，将金融监管因素纳入考察框架，深入考察金融监管在数字金融影响经济增长中扮演着怎样的角色，这将有助于深化对数字金融经济效应的理解，同时也为中国金融监管体系设计提供经验证据。

为了刻画数字金融对经济增长的影响随着金融监管强度不同而呈现出的动态特征，本小节构建以金融监管为门槛变量的面板门限模型进行考察，模型设置如下：

$$\ln PGDP_{it} = \beta_0 + \beta_1 DF_{it} I(s \leq \delta) + \beta_2 DF_{it} I(s > \delta)$$
$$+ \beta_3' X_{it} + \mu_i + \varphi_t + \varepsilon_{it} \qquad (5-4)$$

其中，下标 i 表示城市，t 表示年份。I（·）为示性函数，s 为门限变量，参考唐松等（2020）的做法，用金融监管支出占金融业增加值的比重来衡量金融监管强度，δ 为门限值。X_{it} 为一系列控制变量，包括资本、劳动力、人力资本、财政规模、外商直接投资、市场化程度、城镇化水平、产业结构、基础设施等，测度方法同式（5-1）一致；μ_i 和 φ_t 为分别为城市固定效应和时间固定效应；ε_{it} 为随机误差项。考虑到可能存在的异方差问题和城市经济增长在时间上的关联性，依然采用聚类到城市层面的稳健标准误对模型进行调整（Cameron and Miller，2015）。

在对式（5-4）进行回归之前使用 Bootstrap 法自抽样 500 次进行门限检验，结果显示，基于门限变量金融监管的一重门槛效应显著，未通过双重门槛检验。图 5-2 显示了金融监管的门槛值为 7.24，下限值为 7.13，上限值为 7.30。这说明金融监管强度的变化会导致数字金融对经济增长的影响表现出非线性的动态变化。

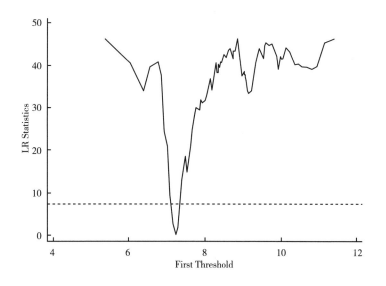

图 5-2　金融监管的门槛值

表 5-10 列汇报了式（5-4）的回归结果。可以看出，当金融监管强度低于 7.24 时，数字金融对经济增长的影响系数在 1% 的水平上显著为正；当金融监管强度跨过 7.24 的门槛值时，数字金融对经济增长的影响系数依然

显著为正，但系数大于低金融监管强度情形下的影响系数。这意味着，随着金融监管的加强，数字金融对经济增长的驱动作用也得到了强化。这一结论无论在是否引入控制变量的条件下均显著成立，说明研究结论十分稳健。

表5-10   金融监管下数字金融的经济增长效应差异

变量	lnPGDP	
	（1）	（2）
DF（s≤δ）	0.2928 ***	0.2995 ***
	（0.0079）	（0.0061）
DF（s>δ）	0.3139 ***	0.3167 ***
	（0.0039）	（0.0038）
控制变量	未控制	控制
城市固定效应	控制	控制
年份固定效应	控制	控制
adj. R-sq	0.8332	0.8468
观测值	2529	2529

注：*** 代表通过1%的显著性检验；括号内为聚类到城市层面的稳健标准误。

5.5.5 动态效应

本小节进一步研究纵向层面的异质性，即数字金融对经济增长的促进效应能持续多久？随时间推移会逐渐强化还是缓慢衰减？问题的答案有助于充分揭示数字金融的经济增长效应在时间动态上的异质性，为数字金融持续赋能经济增长提供有益的政策指导。

本小节分别将核心解释变量滞后1期（L. DF）、滞后2期（L2. DF）、滞后3期（L3. DF）、滞后4期（L4. DF）的数字金融指数代入式（5-1）重新回归，以此考察数字金融对经济增长在时间上的动态效果，表5-11列（1）~列（4）汇报了回归结果。从显著性上来看，当数字金融指数滞后1~2期时，系数在1%的水平上显著为正；当数字金融指数滞后3~4期时，系数仍然显著为正，但仅通过了5%的显著性检验。从系数大小上来看，滞后1的数字金融系数最大，之后呈现出逐渐降低的趋势，说明数字金融的经济增长效应随着时间的推移在缓慢衰减。

表 5 - 11　　　　　　　　　　　总维度的动态效应

变量	lnPGDP			
	（1）	（2）	（3）	（4）
L. DF	0. 1392 *** （0. 0212）			
L2. DF		0. 1127 *** （0. 0196）		
L3. DF			0. 0427 ** （0. 0189）	
L4. DF				0. 0344 ** （0. 0171）
控制变量	控制	控制	控制	控制
城市固定效应	控制	控制	控制	控制
年份固定效应	控制	控制	控制	控制
adj. R-sq	0. 8954	0. 8962	0. 8968	0. 8976
观测值	2248	1967	1686	1405

注：** 、*** 分别代表通过 5% 和 1% 的显著性检验；括号内为聚类到城市层面的稳健标准误。

　　数字金融对经济增长的动态影响效果在时间上何以逐渐降低？本小节从子维度的视角出发，进一步剖析其中原因。将覆盖广度、使用深度和数字化程度 3 个一级维度分别滞后 1 ~ 2 期，依次代入式（5 - 1）进行回归。回归结果显示，当覆盖广度、使用深度和数字化程度都滞后 1 期的时候，三者的系数均显著为正；当三个一级维度都滞后 2 期的时候，只有覆盖广度的系数依然在 1% 的水平上显著为正，使用深度和数字化程度的系数则不显著，如表 5 - 12 列（1）~ 列（3）所示。这说明，在三个一级子维度中，只有覆盖广度对经济增长表现出时间上的动态促进的效果，因而数字金融对经济增长的持续促进效应主要源自覆盖广度的动态促进作用。这一结论为未来推动数字金融高质量发展提供了有益的政策启示：壮大数字金融赋能经济增长，不仅需要拓展数字金融的覆盖范围和触达能力，还需要激发数字金融的活跃深度，才能充分释放数字金融的便利化和低成本的优势力量，为中国经济增长提供源源不断的新动能，推动中国经济持续地增长。

表 5 – 12   子维度的动态效应

变量	lnPGDP		
	（1）	（2）	（3）
L2. DF_Coverage	0. 2498 *** （0. 0260）		
L2. DF_Usage		0. 0078 （0. 0134）	
L2. DF_Digitization			0. 0047 （0. 0041）
控制变量	控制	控制	控制
城市固定效应	控制	控制	控制
年份固定效应	控制	控制	控制
adj. R-sq	0. 8957	0. 8953	0. 8953
观测值	1967	1967	1967

注：*** 分别代表通过 1% 的显著性检验；括号内为聚类到城市层面的稳健标准误。

5.6　本章小结

数字金融以低成本、高效率、广覆盖的优势为经济主体提供可持续的金融服务，实现了金融普惠与精准覆盖的双重目标，为经济增长提供了金融供给端的新动能。本章将研究视角拓展至信息维度更丰富的城市层面，通过将"北京大学数字普惠金融指数"与《中国城市统计年鉴》相匹配，构建了城市面板数据，进而系统深入地考察数字金融的经济增长效应，研究发现：

（1）数字金融对经济增长具有显著的正向促进效应，这一结果在进一步严格控制省份与年份联合固定效应、更换被解释变量、使用两阶段系统广义矩估计、剔除直辖市、剔除省会城市与副省级城市、缩短样本区间、缩尾处理克服离群值干扰等一系列稳健性检验后仍然显著成立。

（2）为了缓解遗漏变量偏误和双向因果关系带来的内生性干扰，首先，利用地理信息系统（GIS）分别测度了所在城市到杭州市的距离以及到所在省份的省会的地理距离，乘以本城市以外的全国数字金融均值进行工具变量回归，工具变量回归结果一致于基准回归结果；其次，借助中国人民银行2016 年发布的《G20 数字普惠金融高级原则》形成的准自然实验，利用双重差分法进一步克服内生性干扰，研究结果也一致于基准回归结果。

（3）数字金融的经济增长效应存在横纵层面的多维度异质性。在横向层面，首先，从结构效应来看，数字金融在覆盖广度、使用深度和数字化程度3 个一级维度上都显著促进了经济增长，三个维度对于经济增长同样重要，呈现出结构性驱动经济增长的特征；其次，从区域效应来看，数字金融的经济增长效应在中西部城市要远远大于东部城市，体现出数字金融能够成为中西部城市追赶东部城市的后发优势；再次，从普惠效应来看，分位数回归显示，数字金融的经济增长效应在经济发展程度较低的城市要远远大于经济发展程度较高的城市，说明数字金融的经济增长效应是一种包容性增长效应，有助于改善我国不平衡、不充分的发展局面；最后，从监管效应来看，门限回归显示，数字金融的经济增长效应随着金融监管强度的增强而得到了强化，较强的金融监管有助于在金融稳定的环境下充分释放数字金融助力经济增长的效果。在纵向层面，从动态效应来看，数字金融对经济增长有着持续的促进作用，该促进效应随时间的推移缓慢衰减。

| 第6章 |

数字金融驱动经济增长的机制检验

第5章中，本书深入考察了数字金融的经济增长效应及其多维度异质性，并建立起两者之间的因果联系。但是数字金融是透过何种渠道来影响经济增长，仍需进一步检验。基于第4章的理论分析框架，数字金融通过资本渠道、劳动力渠道和全要素生产率渠道促进经济增长。首先，数字金融增加了居民储蓄存款、推动了区域贷款的增长、促进了资本的形成与积累，进而推动经济增长；其次，数字金融激发了创业活跃度，创造出更多就业机会和岗位，扩大了就业，增加了劳动力供给，进而促进经济增长；最后，数字金融促进了创新，推动产业结构合理化和高级化，从而促进技术改善和优化资源配置效率，起到提升全要素生产率的作用，并最终推动经济增长。因此，本章依次检验数字金融影响经济增长的三大渠道：资本、劳动力和全要素生产率。

6.1 数字金融驱动经济增长的资本渠道检验

6.1.1 实证策略

无论是从经济理论还是从典型事实来看，资本都是推动中国经济增长至关重要的途径。可以合理推断，如果数字金融显著促进了资本积累，必然会对经济增长产生正向促进效应。本小节首先考察数字金融对资本积累的影响，沿用第5章的思路，利用面板数据双向固定效应模型进行检验，模型设置如下：

$$\ln k_{it} = \beta_0 + \beta_1 DF_{it} + \beta_2' X_{it} + \mu_i + \varphi_t + \varepsilon_{it} \tag{6-1}$$

其中，下标 i 表示城市，t 表示年份。$\ln k_{it}$ 表示 i 城市 t 年的人均实际资本存量的对数值；DF_{it} 表示 i 城市 t 时期数字金融发展水平；X_{it} 为一系列城市层面的控制变量组成的向量组；μ_i 和 φ_t 为分别为城市固定效应和时间固定效应；ε_{it} 为随机误差项。考虑到可能存在的异方差问题和城市经济增长在时间上的关联性，本小节采用聚类到城市层面的稳健标准误对模型进行调整（Cameron and Miller，2015）。系数 β_1 的符号、大小及显著性反映了数字金融对资本积累的影响，这是本小节的关注的重点。根据理论分析，预期 β_1 显著为正，即数字金融促进了资本积累。

在考察数字金融对资本积累影响的基础上，本小节进一步检验数字金融影响资本积累的作用机制。根据第4章的理论分析框架，数字金融通过存款机制和贷款机制，即增加居民储蓄存款和区域贷款余额来促进资本的形成与积累，进而推动城市经济增长。为了检验数字金融影响资本积累的这两条机制，在式（6-1）的基础上构建以存款和贷款为机制的递归方程如下：

$$Mech_{it} = \gamma_0 + \gamma_1 DF_{it} + \gamma_2' X_{it} + \mu_i + \varphi_t + \varepsilon_{it} \tag{6-2}$$

$$\ln k_{it} = \delta_0 + \delta_1 DF_{it} + \delta_2 Mech_{it} + \delta_2' X_{it} + \mu_i + \varphi_t + \varepsilon_{it} \tag{6-3}$$

其中，$Mech_{it}$ 为中介变量，包括人均存款（$Deposit_{it}$）和人均贷款（$Loan_{it}$）。其余变量含义同式（6-1）一致。通过观察式（6-1）~式（6-3）中 β_1、γ_1、δ_1、δ_2 的显著性，可以得到数字金融能否通过机制变量的渠道作用于资本的结论。

变量构建如下：

（1）被解释变量：资本（lnk）。参考王永仓和温涛（2020）的做法，用人均资本存量的对数值来衡量。具体度量上，由于固定资产投资为流量指标，采用永续盘存法将其转换为存量资本，计算公式为：

$$K_t = K_{t-1}(1 - \delta_t) + I_t \tag{6-4}$$

其中，K_t 和 K_{t-1} 分别表示 t 期和 t-1 期的资本存量，δ_t 表示 t 期折旧率，I_t 表示 t 期新增固定资产投资。为了科学地测算资本存量，本小节进一步做如下处理：首先，本书探究的是城市层面的经济增长效应，借鉴同类研究中程名望等（2019）的做法，选用单豪杰（2008）的测算，将折旧率设为 10.96%；其次，新增固定资产投资使用固定资产投资价格指数进行平减；最后，基期资本存量的确定仍参考单豪杰（2008）的做法，将基期实际固定资产投资除以折旧率与样本期内固定资产投资年平均增长率之和，测算得到以 2011 年为基期的资本存量。

（2）核心解释变量：数字金融（DF）。沿用第 5 章的做法，使用"北京大学数字普惠金融指数"来衡量中国数字金融发展水平，该指标体系包含覆盖广度、使用深度和数字化程度 3 个一级维度（具体合成步骤和权重设置详见 3.2.1 中国数字金融的指标体系）。考虑到数字金融指数与其他变量在量纲上存在较大差异，本小节参考钱海章等（2021）的做法，将该指数及其一级维度除以 100 作为原始数据。

（3）机制变量：人均存款（Deposit）和人均贷款（Loan）。参考肖威（2021）的做法，用居民储蓄存款余额除以总人口来衡量人均存款，用年末金融机构各项贷款余额除以总人口来衡量人均贷款，以此构建机制变量。

（4）控制变量：劳动力（L）用就业人数占总人口的比重来衡量；人力资本（Human）以每万人中普通高等学校在校生人数来衡量；财政规模（Government）用一般预算支出与地区生产总值之比来衡量；外商直接投资（FDI）用当年实际利用外资与 GDP 之比来衡量；市场化程度（MI）采用樊纲和王小鲁编制的市场化指数来衡量，并借鉴郭峰和熊瑞祥（2018）的做法，通过赋权法得到城市层面的市场化指数；城镇化水平（Urban）用城镇人口与总人口之比直接投资来衡量；产业结构（Structure）用第二产业增加值占 GDP 的比重来衡量；基础设施（Infrastructure），用人均道路拥有面积来衡量。

本小节的数据来源仍然同第 5 章一致，在此不赘述。所有名义变量均采用对应价格指数统一折算为以 2011 年为基期的固定价格。

6.1.2 数字金融影响资本积累的实证检验

（1）数字金融对资本积累的影响。首先，根据式（6-1）进行回归，考察数字金融对资本积累的影响效应。表6-1汇报了式（6-1）的回归结果。表6-1列（1）~列（2）显示，在没有引入控制变量的情形下，核心解释变量DF的系数在1%的水平上显著为正；在引入控制变量后，核心解释变量DF的系数仍然在1%的水平上显著为正，说明估计结果在不同设定下十分稳健。故可以得出结论：数字金融显著地促进了资本积累。而资本作为推动经济增长的重要途径，一方面能够自发地促进产出的持续的增加（汤向俊，2006），另一方面任何技术应用都必须通过投资来实现，资本积累构成了经济增长的重要基础（田萍和张鹤，2017），因而资本积累的增加必然会带动经济增长。因此，本小节验证了数字金融影响经济增长的资本渠道，即数字金融可以通过促进资本积累进而赋能经济增长。

表6-1 数字金融对资本积累的影响

变量	lnk				
	（1）	（2）	（3）	（4）	（5）
DF	0.5315 *** (0.0267)	0.4138 *** (0.1021)			
DF_Coverage			0.8846 *** (0.1110)		
DF_Usage				0.0136 ** (0.0068)	
DF_Digitization					0.0061 * (0.0036)
控制变量	未控制	控制	控制	控制	控制
城市固定效应	控制	控制	控制	控制	控制
年份固定效应	控制	控制	控制	控制	控制
adj. R-sq	0.8438	0.8489	0.8508	0.8483	0.8428
观测值	2529	2529	2529	2529	2529

注：*、**、***分别代表通过10%、5%和1%的显著性检验；括号内为聚类到城市层面的稳健标准误。

本小节进一步探究数字金融对资本积累的结构性影响。数字金融作为一个多维度的概念，既涵盖了包括金融服务触达范围的覆盖广度和包括数字金融活跃度的使用深度，也涵盖了包括金融服务便利化程度、信息化程度的数字化程度。单一使用数字金融总指数开展研究，容易忽视数字金融不同维度的效应差异（孙志红和琚望静，2022），同时也会导致对实证结果的片面解读，因此，深入讨论数字金融影响资本积累的结构效应显得十分必要。为了避免将3个子维度同时代入式（6-1）导致的共线性问题，本小节依次将子维度代入式（6-1）进行回归，表6-1列（3）~列（5）汇报了回归结果。可以看出，3个子维度对资本积累的影响均显著为正，说明数字金融从覆盖广度、使用深度和数字化程度三个方面都显著促进了资本积累，三个子维度对于资本积累同样重要。从系数大小来看，覆盖广度的系数远远大于使用深度和数字化程度的系数，说明数字金融影响资本积累的内在助推力量主要源自数字金融的覆盖范围的扩大和触达能力的延伸。这一结论还为本书提供了有益的信息：数字金融要从结构上驱动资本积累，不仅需要扩大数字金融服务的覆盖范围，弥补传统金融的触达不足，还更应该加强数字金融服务的实际深度和活跃度，有效发挥数字金融服务的低成本和低门槛优势，从而充分释放数字金融的结构性增长动力。

（2）数字金融影响资本积累的机制检验。本小节进一步检验数字金融影响资本积累的作用渠道。根据第4章的理论分析框架，数字金融是通过增加居民储蓄存款和区域贷款余额来促进资本的形成与积累的，因而本小节在式（6-1）的基础上，通过对式（6-2）和式（6-3）回归进行机制检验。

表6-2汇报了存款机制检验的回归结果。表6-2列（2）显示，数字金融对人均存款的回归系数显著为正；表6-2列（3）显示，将数字金融和人均存款同时加入模型回归，两者的系数也均显著为正，同时，数字金融的系数小于表6-2列（1）基准回归的数字金融系数，说明人均存款在数字金融影响资本积累的过程中发挥了部分中介效应。因此，数字金融影响资本积累的存款机制得到验证，而且数字金融动员了居民储蓄存款，为区域经济发展提供了资本。

表 6 - 2　　　　　　　数字金融影响资本积累的存款机制检验

变量	lnk	Deposit	lnk
	（1）	（2）	（3）
DF	0.4138*** （0.1021）	0.1487** （0.0751）	0.4124*** （0.1022）
Deposit			0.0078* （0.0047）
控制变量	控制	控制	控制
城市固定效应	控制	控制	控制
年份固定效应	控制	控制	控制
adj. R-sq	0.8489	0.7719	0.8550
观测值	2529	2529	2529

注：*、**、***分别代表通过10%、5%和1%的显著性检验；括号内为聚类到城市层面的稳健标准误。

表 6 - 3 汇报了贷款机制检验的回归结果。表 6 - 3 列（2）显示，数字金融对人均贷款的回归系数显著为正；表 6 - 3 列（3）显示，将数字金融和人均贷款同时加入模型回归，两者的系数也均显著为正，同时，数字金融的系数小于表 6 - 2 列（1）基准回归的数字金融系数，说明人均贷款在数字金融影响资本积累的过程中发挥了部分中介效应。因此，数字金融影响资本积累的贷款机制得到验证。

表 6 - 3　　　　　　　数字金融影响资本积累的贷款机制检验

变量	lnk	Loan	lnk
	（1）	（2）	（3）
DF	0.4138*** （0.1021）	0.3124*** （0.1201）	0.4104*** （0.1021）
Loan			0.0105** （0.0053）
控制变量	控制	控制	控制

变量	lnk	Loan	lnk
	(1)	(2)	(3)
城市固定效应	控制	控制	控制
年份固定效应	控制	控制	控制
adj. R-sq	0.8489	0.7883	0.8550
观测值	2529	2529	2529

注：**、***分别代表通过5%、1%的显著性检验；括号内为聚类到城市层面的稳健标准误。

本小节认为，第一，数字金融带来的移动支付创新和金融产品创新增加了居民储蓄存款、提高了储蓄投资转化率，为区域经济发展提供了资本。一方面，移动支付创新极大地提升了金融服务的效率、降低了金融市场的进入门槛、有助于减少作为耐心消费者的低收入人群持有现金预防未来不确定性的倾向，进而吸收更多的低收入人群进入金融市场，低收入群体的财富得以转化为储蓄；另一方面，金融产品创新通过提供新型金融账户并以方便灵活的使用方式和较高的年化收益率吸引了大量的用户，引致数以亿计的使用者将现金转化为储蓄存款。第二，数字金融通过缓解金融排斥和克服金融摩擦提高了贷款可得性，进而推动了区域贷款的余额增长和信贷资源的有效配置，促进了资本积累。一方面，数字技术与金融服务的结合拓展了金融服务的便利性和可得性，让被排斥在正规金融服务之外的偏远地区、低收入、低学历等长尾群体享受同样的金融资源；另一方面，数字金融充分挖掘结构化信息与非结构化信息，有效克服了不完全信息带来的金融摩擦问题，靶向引导资金流向贷款需求的企业，精准连接了金融资源的供需双方，从而优化了信贷资源的配置。

综上所述，数字金融通过存款机制和贷款机制，即动员居民进行储蓄存款和推动区域贷款余额增长，促进资本的形成与积累，而资本作为影响经济增长三大因素之一，是推动经济增长的重要路径，资本积累的增加必然会带动经济增长，因而数字金融可以通过促进资本积累的渠道来赋能经济增长。

6.2 数字金融驱动经济增长的劳动力渠道检验

6.2.1 实证策略

无论是从经济理论还是从典型事实来看，劳动力都是经济增长不可或缺的推动力量。可以合理推断，如果数字金融显著促进了劳动力供给，则必然会对经济增长产生正向促进效应。本小节首先考察数字金融对劳动力的影响，沿用第 5 章的思路，利用面板数据双向固定效应模型进行检验，模型设置如下：

$$L_{it} = \beta_0 + \beta_1 DF_{it} + \beta_2' X_{it} + \mu_i + \varphi_t + \varepsilon_{it} \qquad (6-5)$$

其中，L_{it} 表示 i 城市 t 年的劳动力；DF_{it} 表示 i 城市 t 时期数字金融发展水平；X_{it} 为一系列城市层面的控制变量组成的向量组；μ_i 和 φ_t 为分别为城市固定效应和时间固定效应；ε_{it} 为随机误差项。本小节采用聚类到城市层面的稳健标准误对模型进行调整（Cameron and Miller，2015）。系数 β_1 的符号、大小及显著性反映了数字金融对劳动力的影响，这是本小节的关注的重点。根据理论分析，预期 β_1 显著为正，即数字金融促进了劳动力供给。

在考察数字金融对劳动力影响的基础上，本小节进一步检验数字金融影响劳动力的作用机制。根据第 4 章的理论分析框架，数字金融从宏微观层面激发创业活跃度，创造出更多的就业机会和岗位，进而扩大就业和增加劳动力供给，推动城市经济增长。为了检验数字金融影响劳动力的创业机制，在式（6-5）的基础上构建以创业为机制的递归方程如下：

$$Entrep_{it} = \gamma_0 + \gamma_1 DF_{it} + \gamma_2' X_{it} + \mu_i + \varphi_t + \varepsilon_{it} \qquad (6-6)$$

$$L_{it} = \delta_0 + \delta_1 DF_{it} + \delta_2 Entrep_{it} + \delta_2' X_{it} + \mu_i + \varphi_t + \varepsilon_{it} \qquad (6-7)$$

其中，$Entrep_{it}$ 为机制变量，表示创业。其余变量含义同式（6-5）一致。通过判断式（6-5）~式（6-7）中 β_1、γ_1、δ_1、δ_2 的显著性，可以得到数字金融能否通过机制变量的渠道作用于劳动力。

变量构建如下：

（1）被解释变量：劳动力（L）。参考金环和于立宏（2021）的做法，用就业人数占总人口的比重来衡量劳动力。

（2）核心解释变量：数字金融（DF）。使用"北京大学数字普惠金融指数"来衡量中国数字金融发展水平。同样地，将该指数及其子维度均除以100作为原始数据。

（3）机制变量：创业（Entrep）。从宏观和微观的双重视角度量创业。首先，宏观层面的创业行为参考李宏彬等（2019）的做法，使用私营企业和个体就业人数占总人口比重来衡量，记为 $Entrep_1$。其次，微观层面的创业行为参考姜南等（2021）的做法，利用北京大学企业大数据研究中心发布的中国创新创业指数下的新建企业进入指数来衡量，记为 $Entrep_2$。该指数基于全国工商企业注册数据库的全量企业信息，特别是覆盖了创业活跃度高的小微企业，从企业的统一视角出发，将原本分散的企业家、资本、技术有机联系起来，客观、实时、多维度地反映出微观企业的创业活力与绩效（戴若尘等，2021）。

（4）控制变量：资本（lnk）用人均实际资本存量的对数值来衡量；人力资本（Human）用每万人中普通高等学校在校生人数来衡量；财政规模（Government）用一般预算支出与地区生产总值之比来衡量；外商直接投资（FDI）用当年实际利用外资与GDP之比来衡量；市场化程度（MI）采用樊纲和王小鲁编制的市场化指数来衡量市场化程度；城镇化水平（Urban）用城镇人口与总人口之比直接投资来衡量；产业结构（Structure）用第二产业增加值占GDP的比重来衡量；基础设施（Infrastructure）用人均道路拥有面积来衡量。

本小节的变量选取、测度以及数据来源均同6.1.1小节一致。所有名义变量均采用对应价格指数统一折算为以2011年为基期的固定价格。

6.2.2 数字金融影响劳动力的实证检验

（1）数字金融对劳动力的影响。本小节深入分析数字金融对劳动力的总效应、结构性效应以及对不同技能劳动力的影响。

首先，为了考察数字金融对劳动力的总效应，根据式（6-5）进行回归，表6-4汇报了式（6-5）的回归结果。表6-4列（1）~列（2）显示，在没有引入控制变量的情形下，核心解释变量 DF 的系数在1%的水平上显著为正；在引入控制变量后，核心解释变量 DF 的系数仍然在1%的水平上显著为正，说明估计结果在不同设定下十分稳健。故可以得出，数字金融显著地促进了劳动力供给。而劳动力是经济增长不可或缺的推动力量，技术使用、产业升级、区域发展都离不开劳动力的基础推动作用，劳动力为推动经济增长奠定重要的基础。因此，本小节验证了数字金融影响经济增长的劳动力渠道，即数字金融可以通过促进劳动力供给进而赋能经济增长。

表6-4 数字金融对劳动力的影响

变量	L				
	（1）	（2）	（3）	（4）	（5）
DF	0.4153 *** (0.0607)	0.3434 *** (0.0600)			
DF_Coverage			0.5152 *** (0.0682)		
DF_Usage				0.1160 *** (0.0385)	
DF_Digitization					0.0049 * (0.0029)
控制变量	未控制	控制	控制	控制	控制
城市固定效应	控制	控制	控制	控制	控制
年份固定效应	控制	控制	控制	控制	控制
adj. R-sq	0.8670	0.8677	0.8682	0.8674	0.8672
观测值	2529	2529	2529	2529	2529

注：* 、*** 分别代表通过10%、1%的显著性检验；括号内为聚类到城市层面的稳健标准误。

其次，进一步探究数字金融对劳动力的结构性影响。为了避免将3个子维度同时代入式（6-5）导致的共线性问题，本小节依次将子维度代入式（6-5）

进行回归，表6-4列（3）~列（5）汇报了回归结果。可以看出，3个子维度对劳动力的影响均显著为正，说明数字金融从覆盖广度、使用深度和数字化程度三个方面都显著促进了劳动力供给，三个子维度对于劳动力供给同样重要。从系数大小来看，覆盖广度最大，使用深度次之，数字化程度最小。这一结论为本书提供了有益的信息：数字金融要从结构上促进劳动力供给，不仅需要扩大数字金融服务的覆盖范围以及强化数字金融服务的实际深度和活跃度，更应该发挥数字金融服务的低成本和低门槛优势，从而充分释放数字金融推动劳动力供给的结构效应。

最后，分析数字金融对不同技能劳动力的影响。学者们通常认为，由于高技能劳动者往往从事非常规的、复杂的劳动，被机器替代的概率较低，而低技能劳动者往往从事的是常规程序化，或非常规但简单化的工作，更容易被机器替代（Balsmeiera and Woerter，2019）。作为技术驱动型的金融创新，数字技术在数字金融赋能经济增长中发挥着重要作用，由于数字技术会直接与低技能劳动力形成竞争，而数字技术与高技能人才容易形成有效的要素互补机制，进而通过相互赋能来提升企业生产率，因而数字技术会表现出对高技能员工的偏好（Arvanitis and Loukis，2015），从而吸纳更多的高技能劳动力就业。综上所述，数字技术可能会对高低技能劳动者的需求产生差异性的影响，即数字技术在带来高技能要求的工作任务的"创造"的同时，也会带来低技能要求的工作任务的"破坏"。

然而，将这种差异性放到数字金融的背景下讨论是否仍然成立，值得进一步分析。数字金融对低技能劳动力并不是只存在排斥效应，其原因在于：首先，从数字金融的技术属性来看，数字技术在替代企业低技能劳动力的同时，还会因商业模式转型形成派生效应，创造出基本无复杂度、无须太多培训类型的新工作（Goos et al.，2009），从而抵消掉部分数字技术对低技能劳动力的替代效应；其次，数字技术的本质并不是对劳动力的绝对替代，而是作为提升劳动效率的媒介，通过要素重组将低技能劳动力转移至服务业，实现服务业耗能低与制造业高效率的互补，因而数字技术替代的对象仅仅是一小部分特定经济环境下的低技能劳动力（柏培文和张云，2021）；最后，从数字金融的金融属性来看，数字金融本身具有包容和普惠的特性（张勋等，

2019），因而能够改善弱势群体的就业环境，从而有助于低技能劳动力就业。因此，数字金融对低技能劳动力的影响并不能从理论上确定。

基于上述逻辑，本小节在探究数字金融对劳动力影响的基础上进一步实证检验数字金融对高低技能劳动者的影响。由于本小节的数据结构是城市层面数据，无法获取微观个体的学历信息和岗位信息，因而无法通过学历或管理和技术岗位对就业者进行高低技能的划分。参考梁文泉和陆铭（2015）的研究，选取服务业作为代表性行业，用软件、信息、金融、计算机等行业从业人员占总人口数之比来衡量高技能劳动力，用餐饮、住宿、批发、零售等行业从业人员占总人口数之比衡量低技能劳动力。表6-5汇报了回归的结果。可以看出，分别使用高低技能就业人数占比作为被解释变量进行回归，数字金融的系数均显著为正，说明在本小节的样本期内，数字金融不仅提高了高技能劳动力的比例，而且也推动了低技能劳动力比例的增长。这意味着，数字金融并未对低技能劳动力产生挤出或替代效应，可能原因在于，数字技术的本质并不是对劳动力的绝对替代，替代的对象仅仅是一小部分特定经济环境下的低技能劳动力，而且数字金融通过创造出新工作、改善弱势群体就业环境抵消掉部分替代效应。

表6-5　　　　　　　　数字金融对高低技能劳动力的影响

变量	L-high	L-low
	（1）	（2）
DF	0.3928 *** (0.0789)	0.0995 ** (0.0508)
控制变量	控制	控制
城市固定效应	控制	控制
年份固定效应	控制	控制
adj. R-sq	0.8432	0.8368
观测值	2529	2529

注：**、***分别代表通过5%、1%的显著性检验；括号内为聚类到城市层面的稳健标准误。

综上所述，数字金融的劳动力再配置效应不仅促进了就业，而且优化了就业结构，从而驱动劳动力技能深化，对于实现更高质量和更充分就业有着积极作用和重要意义。

（2）数字金融影响劳动力的机制检验。本小节进一步检验数字金融影响劳动力的作用渠道。根据第4章的理论分析框架，数字金融激发了创业活力与绩效，创造出更多就业机会和岗位，扩大就业，增加劳动力供给，从而促进城市经济增长。因而本小节在式（6-5）的基础上从宏观和微观的双重视角度量创业，通过对式（6-6）和式（6-7）回归进行机制检验。

表6-6汇报了宏观层面创业机制检验的回归结果。表6-6列（2）显示，在以私营企业和个体就业人数占总人口比重来衡量宏观层面创业行为的回归中，数字金融对创业的回归系数显著为正；表6-6列（3）显示，将数字金融和创业同时加入模型回归，两者的系数也均显著为正，同时，数字金融的系数小于表6-6列（1）基准回归的数字金融系数，说明创业在数字金融影响劳动力的过程中发挥了部分中介效应，即数字金融可以通过激发创业的渠道来促进劳动力供给，验证了第4章中的理论分析。

表6-6 　　　　　　　数字金融影响劳动力的宏观创业机制检验

变量	L	$Entrep_1$	H
	（1）	（2）	（3）
DF	0.3434 *** (0.0600)	0.1789 *** (0.0280)	0.2784 *** (0.0650)
$Entrep_1$			0.2951 ** (0.1501)
控制变量	控制	控制	控制
城市固定效应	控制	控制	控制
年份固定效应	控制	控制	控制
adj. R-sq	0.8677	0.8455	0.8681
观测值	2529	2529	2529

注：** 、*** 分别代表通过5% 、1% 的显著性检验；括号内为聚类到城市层面的稳健标准误。

表6-7汇报了微观视角下创业机制检验的结果，可以看出，基于全国工商企业注册数据库全量企业信息的微观创业行为在数字金融影响劳动力的过程中发挥了部分中介效应。因此，数字金融从宏观层面和微观视角影响劳动力的创业机制得到验证。

表 6 − 7	数字金融影响劳动力的微观创业机制检验		
变量	L	$Entrep_2$	L
	（1）	（2）	（3）
DF	0. 3434 ***	0. 1916 ***	0. 2245 ***
	（0. 0600）	（0. 0468）	（0. 0578）
$Entrep_2$			0. 3217 ***
			（0. 0926）
控制变量	控制	控制	控制
城市固定效应	控制	控制	控制
年份固定效应	控制	控制	控制
adj. R-sq	0. 8677	0. 7966	0. 8775
观测值	2529	2529	2529

注：*** 代表通过 1% 的显著性检验；括号内为聚类到城市层面的稳健标准误。

　　本小节认为，第一，数字金融提升金融服务的可得性为创业提供金融支持，催生出新的商业形态和场景释放大量创业机会，进而扩大就业。一方面，数字金融的强渗透性和广覆盖性拓展了金融服务的空间与范围，弥补了传统金融供给不足，提升了不发达区域金融服务的可得性与便利性，从而促进不发达区域的创业活动；另一方面，作为技术驱动型的金融创新，数字金融的高创新性催生出新的商业形态，形成新的创业机会，带来新的就业岗位。第二，数字金融通过缓解融资约束和信息约束降低了中小微企业创业的融资成本和个体的信息门槛，激发创业活跃度，进而扩大就业。一方面，数字金融独特的大数据智能风控系统能够精准地对中小微企业的信用水平和风险行为画像，降低了创业企业的融资门槛，同时，数字金融的数据挖掘机制扩大了信息池，降低了事前信息不对称造成的逆向选择风险，改善了缺乏抵押担保的创业企业的信贷可得性，从而促进中小微企业的活力和绩效；另一方面，数字金融能够及时、精准向创业者推送相关信息，有助于创业者动态地把握市场机会和政策进行创业，有效缓解了信息约束，提升了个体创业绩效。

　　综上所述，数字金融能够通过创业机制，即激发创业活力，扩大就业、促进劳动力供给，而劳动力作为影响经济增长三大因素之一，是经济增长不可或缺的推动力量，因而数字金融可以通过促进劳动力供给的渠道来赋能经济增长。

6.3 数字金融驱动经济增长的全要素生产率渠道检验

6.3.1 实证策略

全要素生产率是推动经济增长的动力源泉。新古典主义增长理论认为，在要素边际产出递减的制约下，长期经济增长只有通过提升全要素生产率来实现。内生增长理论也将全要素生产率视作区域收入与增长差异的重要来源。基于上述逻辑，可以合理推断，如果数字金融显著提升了全要素生产率，必然会对经济增长产生正向促进效应。本小节首先考察数字金融对全要素生产率的影响，沿用第 5 章的思路，利用面板数据对双向固定效应模型进行检验，模型设置如下：

$$\text{TFP}_{it} = \beta_0 + \beta_1 \text{DF}_{it} + \beta_2' X_{it} + \mu_i + \varphi_t + \varepsilon_{it} \qquad (6-8)$$

其中，TFP_{it} 表示 i 城市 t 年的全要素生产率；DF_{it} 表示 i 城市 t 时期数字金融发展水平；X_{it} 为一系列城市层面的控制变量组成的向量组；μ_i 和 φ_t 为分别为城市固定效应和时间固定效应；ε_{it} 为随机误差项。本小节采用聚类到城市层面的稳健标准误对模型进行调整（Cameron and Miller，2015）。系数 β_1 的符号、大小及显著性反映了数字金融对全要素生产率的影响，这是本小节的关注的重点。根据理论分析，预期 β_1 显著为正，即数字金融促进了全要素生产率的提升。

在考察数字金融对全要素生产率影响的基础上，本小节进一步检验数字金融影响全要素生产率的作用机制。根据第 4 章的理论分析框架，数字金融能够通过创新机制和产业结构机制，即提升创新能力、促进产业结构合理化和高级化，实现技术改善和优化资源配置效率，最终起到提升全要素生产率的作用，进而推动城市经济增长。为了检验数字金融影响全要素生产率的这两条机制，在式（6-8）的基础上构建以创新和产业结构升级为机制的递归方程如下：

$$\text{Mech}_{it} = \gamma_0 + \gamma_1 \text{DF}_{it} + \gamma_2' X_{it} + \mu_i + \varphi_t + \varepsilon_{it} \qquad (6-9)$$

$$\text{TFP}_{it} = \delta_0 + \delta_1 \text{DF}_{it} + \delta_2 \text{Mech}_{it} + \delta_2' X_{it} + \mu_i + \varphi_t + \varepsilon_{it} \qquad (6-10)$$

其中，Mech_{it} 为机制变量，包括创新（Inno_{it}）、产业结构合理化（Theil_{it}）和产业结构高级化（ISS_{it}）。其余变量含义同式（6-8）一致。通过观察式（6-8）~式（6-10）中 β_1、γ_1、δ_1、δ_2 的显著性，可以得到数字金融能否通过机制变量的渠道作用于全要素生产率。

变量构建如下：

（1）被解释变量：全要素生产率（TFP）。结合本小节的研究主题，参考已有文献（刘秉镰和李清彬，2009；侯层和李北伟，2020；杨慧梅和江璐，2021）的做法，使用 DEA-Malmquist 指数方法对中国城市的全要素生产率进行测度，计算公式如下：

$$\begin{aligned}\text{TFP}_{i,t+1} &= M_{i,t+1}(x_i^t, y_i^t, x_i^{t+1}, y_i^{t+1}) \\ &= \sqrt{\frac{E_i^t(x_i^{t+1}, y_i^{t+1})}{E_i^t(x_i^t, y_i^t)} \cdot \frac{E_i^{t+1}(x_i^{t+1}, y_i^{t+1})}{E_i^{t+1}(x_i^t, y_i^t)}}\end{aligned} \qquad (6-11)$$

其中，x_i^t 和 x_i^{t+1} 分别为 i 城市在 t 和 t+1 期的投入向量；y_i^t 和 y_i^{t+1} 分别为 i 城市在 t 和 t+1 期的产出向量；E（被评价单元）表示模型得出的效率值。

首先，关于投入变量的选择，劳动力选用城市年末就业人员数衡量。资本的选择采用存量资本衡量，而在具体度量上，由于固定资产投资为流量指标，采用永续盘存法将其转换为存量资本，计算公式为：

$$K_t = K_{t-1}(1 - \delta_t) + I_t \qquad (6-12)$$

其中，K_t 和 K_{t-1} 分别表示 t 期和 t-1 期的资本存量，δ_t 表示 t 期折旧率，I_t 表示 t 期新增固定资产投资。进一步做如下处理：第一，选用单豪杰（2008）的测算，将折旧率设为10.96%；第二，新增固定资产投资使用固定资产投资价格指数进行平减；第三，基期资本存量的确定，仍参考单豪杰（2008）的做法，将基期实际固定资产投资除以折旧率与样本期内固定资产投资年平均增长率之和，测算得到以2011年为基期的资本存量。

其次，产出变量的选择，以 2011 年为基期计算各城市的实际 GDP 来衡量经济产出。

（2）核心解释变量：数字金融（DF）。使用"北京大学数字普惠金融指数"来衡量中国数字金融发展水平。同样地，将该指数及其子维度均除以 100 作为原始数据。

（3）机制变量：创新（Inno）、产业结构合理化（Theil）和产业结构高级化（ISS）。

首先，对于创新的度量，现有文献主要从创新投入和创新产出两个方面来衡量。与创新投入相比，作为创新产出的专利能够更加直观、更加量化地刻画创新活动（黎文靖和郑曼妮，2016），更能体现出创新的研发价值。专利度量指标通常包括专利授权数和专利申请数，与专利授权数相比，专利申请数的流程耗时更短，从而可以更具有时效性地探索数字金融对创新的影响（徐佳和崔静波，2020），因而本小节使用专利申请数量来衡量创新。由于专利申请类型包括发明、实用新型和外观设计三种，参考郑万腾等（2021）的做法，对发明、实用新型和外观设计三种专利分别赋权 0.5、0.3、0.2，然后加总得到创新的衡量指标。

其次，对于产业结构合理化的衡量，借鉴袁航和朱承亮（2018）的做法，用泰尔指数进行测算，测算公式如下：

$$Theil_{it} = \sum_{m=1}^{3} y_{imt} \ln(y_{imt}/l_{imt}) \quad m = 1,2,3 \quad\quad (6-13)$$

其中，i 代表城市，m 代表三大产业，t 代表时间，y_{imt} 衡量的是 i 城市 m 产业增加值占 GDP 的比重，l_{imt} 衡量的是 i 城市 m 产业从业人员占总就业的比重。该公式通过测算产出结构与投入结构耦合程度衡量了产业结构的合理性。本书将产业结构合理化的测算值取绝对值，因而该值越大表示偏离 0 越远，即产业结构越失衡。

对于产业结构高级化的衡量，借鉴吴敬琏（2008）的研究，用第三产业产值与第二产业产值之比来衡量。

（4）控制变量：资本（lnk）用人均实际资本存量的对数值来衡量；劳动力（L）用就业人数占总人口的比重来衡量；人力资本（Human）用每万

人中普通高等学校在校生人数来衡量；财政规模（Government）用一般预算
支出与地区生产总值之比来衡量；外商直接投资（FDI）用当年实际利用外
资与 GDP 之比来衡量；市场化程度（MI）采用樊纲和王小鲁编制的市场化
指数来衡量市场化程度；城镇化水平（Urban）用城镇人口与总人口之比直
接投资来衡量；产业结构（Structure）用第二产业增加值占 GDP 的比重来衡
量产业结构；基础设施（Infrastructure）用人均道路拥有面积来衡量。

　　值得说明的是，本小节的变量选取、测度以及数据来源均同 6.1.1 小节
一致，此处不再赘述。所有名义变量均采用对应价格指数统一折算为以 2011
年为基期的固定价格。

6.3.2　数字金融影响全要素生产率的实证检验

　　（1）数字金融对全要素生产率的影响。首先，根据式（6-8）进行回
归，考察数字金融对全要素生产率的影响效应。表 6-8 汇报了式（6-8）
的回归结果。其次，表 6-8 列（1）~ 列（2）显示，在没有引入控制变量
的情形下，核心解释变量 DF 的系数在 1% 的水平上显著为正；在引入控制
变量后，核心解释变量 DF 的系数仍然在 1% 的水平上显著为正，说明估计
结果在不同设定下十分稳健。故可以得出，数字金融显著地提升了全要素生
产率。而全要素生产率作为影响经济增长三大因素之一，是推动经济增长的
动力源泉，全要素生产率的增长必然会带动经济增长的提质增效。因此，本
小节验证了数字金融影响经济增长的生产率渠道，即数字金融可以通过提升
全要素生产率进而赋能经济增长。

　　本小节进一步探究数字金融对全要素生产率的结构性影响，从覆盖广
度、使用深度和数字化程度 3 个子维度来剖析其影响效应。为了避免将 3 个
子维度同时代入式（6-8）导致的共线性问题，本小节依次将子维度代入
式（6-8）进行回归，表 6-8 列（3）~ 列（5）汇报了回归结果。可以看
出，覆盖广度和使用深度对全要素生产率的影响显著为正，而在样本期内，
数字化程度对全要素生产率则无显著的促进作用。这说明，数字金融要从结
构上全面提升全要素生产率，不仅需要扩大数字金融服务的覆盖范围，强化

数字金融服务的实际深度和活跃度，更应该注重数字化程度的建设，尤其是注重新一代信息基础设施的更新和推进，补齐数字化程度的短板，从而充分释放数字金融提升全要素生产率的结构效应。

表 6－8   数字金融对全要素生产率的影响

变量	TFP				
	（1）	（2）	（3）	（4）	（5）
DF	0.0250 *** (0.0063)	0.0186 *** (0.0062)			
DF_Coverage			0.0373 *** (0.0065)		
DF_Usage				0.0011 * (0.0007)	
DF_Digitization					0.0005 (0.0013)
控制变量	未控制	控制	控制	控制	控制
城市固定效应	控制	控制	控制	控制	控制
年份固定效应	控制	控制	控制	控制	控制
adj. R-sq	0.7553	0.7597	0.7637	0.7581	0.7581
观测值	2529	2529	2529	2529	2529

注：＊、＊＊＊分别代表通过10%、1%的显著性检验；括号内为聚类到城市层面的稳健标准误。

数字金融可以显著提升全要素生产率这一结论还为本书提供了有益的政策启示。信息技术的飞速发展与实际生产率的缓慢增长在统计上的不一致现象被称为"生产率悖论"，即信息技术的大量投资并未带来生产率在统计数据上的显著提升。"生产率悖论"自索洛1987年提出以来，受到了学术界的广泛关注。20世纪90年代的美国经济劳动生产率的平均增长率为2.8%，研究者们普遍认为信息技术的高速发展消除了"生产率悖论"，索洛当时也认可这一观点（Jorgenson et al.，2008）。进入新世纪以来，研究者们基于2004年后全球经济增长趋势放缓的现实，对信息技术对经济增长的推动作用重新产生了质疑,"生产率悖论"又再次成为讨论的热点。格雷兹和迈克尔斯(Graetz and Michaels,2018)认为,信息技术对生产率的影响程度十分微弱,"生产率悖论"仍然存在。作为技术驱动型的金融创新,数字技术在数字金融赋能经济增长中发挥着重要作用,那么数字技术的吸收、传播与扩散能否通过赋能金融供给端进而破除"生产率悖论"?本小节的研究结论肯定了这一答案,即数字金融能够在一定程度上破除"生产率悖论"。

数字金融可以显著提升全要素生产率这一结论带来的另一大启示是:如今,中国经济的运行模式正在发生根本变化,高要素投入的增长方式变得难以为继,如何推动经济由粗放式增长到内涵式增长转型是当前中国面临的重大议题。党的十九大报告指出,中国经济正由高速增长阶段向高质量发展阶段转变,通过推动经济发展质量变革、效率变革、动力变革,提升全要素生产率。因此,本小节的结论为加速新旧动能转换、驱动经济增长提质增效提供了新兴的数字金融供给端的提升路径。政府部门应重视数字金融引领中国经济新增长点的引擎作用,继续做强、做优、做大中国数字金融,充分利用数字金融这一新的金融工具来整合金融资源、提升配置效率、实现技术腾飞。

(2)数字金融影响全要素生产率的机制检验。本小节进一步检验数字金融影响全要素生产率的作用渠道。根据第4章的理论分析框架,数字金融促进了创新、推动了产业结构升级,从而促进技术改善和资源配置效率优化,并最终起到提升全要素生产率的作用。因而本小节在式(6-8)的基础上,通过对式(6-9)和式(6-10)回归进行机制检验。

创新作为提升全要素生产率最根本的途径,通过释放积淀资源、优化资源配置、破除制度障碍、激发要素活力来实现全要素生产率的提升,进而促进经济增长的提质增效。表6-9汇报了创新机制检验的回归结果。表6-9列(2)显示,数字金融对创新的回归系数显著为正;表6-9列(3)显示,将数字金融和创新同时加入模型回归,两者的系数也均显著为正,同时,数字金融的系数小于表6-9列(1)基准回归的数字金融系数,说明创新在数字金融影响全要素生产率的过程中发挥了部分中介效应。因此,数字金融影响全要素生产率的创新机制得到验证。

表6-9 数字金融影响全要素生产率的创新机制检验

变量	TFP	Inno	TFP
	(1)	(2)	(3)
DF	0.0186 ***	0.4904 ***	0.0178 ***
	(0.0062)	(0.1705)	(0.0061)
Inno			0.0006 **
			(0.0003)
控制变量	控制	控制	控制
城市固定效应	控制	控制	控制
年份固定效应	控制	控制	控制
adj. R-sq	0.7597	0.8630	0.7675
观测值	2529	2529	2529

注: ** 、*** 分别代表通过5% 、1%的显著性检验；括号内为聚类到城市层面的稳健标准误。

产业结构作为生产要素与配置效率的转换器，其升级过程不但可以优化产业间要素的配置，还可以加强要素的协同作用，引导资源和要素从低效率部门向高效率部门流动，通过释放结构动能推动资源配置实现效益最大化和效率最优化，并最终促进全要素生产率的提升。表6-10汇报了产业结构升级机制检验的回归结果。表6-10列（2）~列（3）显示，数字金融对产业结构合理化的回归系数显著为负（因为本小节对产业结构合理化的测算值取了绝对值）；将数字金融和产业结构合理化同时加入模型回归，两者的系数也均显著为正，同时，数字金融的系数小于表6-10列（1）基准回归的数字金融系数说明产业结构合理化在数字金融影响全要素生产率的过程中发挥了部分中介效应。表6-9列（4）~列（5）同样显示，产业结构高级化在数字金融影响全要素生产率的过程中发挥了部分中介效应。因此，数字金融影响全要素生产率的产业结构升级机制得到验证。

表6-10 数字金融影响全要素生产率的产业结构机制检验

变量	TFP	Theil	TFP	ISS	TFP
	(1)	(2)	(3)	(4)	(5)
DF	0.0186 ***	- 0.0562 ***	0.0174 ***	0.1715 **	0.0171 ***
	(0.0062)	(0.0021)	(0.0061)	(0.0689)	(0.0062)

变量	TFP	Theil	TFP	ISS	TFP
	（1）	（2）	（3）	（4）	（5）
Theil			− 0. 0195 *** （0. 0017）		
ISS					0. 0033 ** （0. 0017）
控制变量	控制	控制	控制	控制	控制
城市固定效应	控制	控制	控制	控制	控制
年份固定效应	控制	控制	控制	控制	控制
adj. R-sq	0. 7597	0. 7984	0. 7655	0. 8219	0. 7660
观测值	2529	2529	2529	2529	2529

注：**、***分别代表通过5%、1%的显著性检验；括号内为聚类到城市层面的稳健标准误。

　　本小节认为，第一，数字金融促进了企业、行业、区域的创新，进而提升全要素生产率。一方面，数字金融的"增量规模补充"降低了创新的融资门槛和技术手段，其"存量结构优化"缓解了企业与金融机构之间的信息不对称、提高了信贷配置效率，进而促进企业创新。另一方面，数字金融发挥的"鲶鱼效应"和"联系效应"推动了金融业技术创新和金融功能效率提升；数字金融的技术溢出效应实现了技术和信息的跨区域交流，推动区域之间知识的流动与融合，激发了区域创新能力。第二，数字金融通过推动产业结构升级促进全要素生产率的增长。一方面，数字金融广覆盖性和靶向特征能够纠正和校正传统金融供给的"属性错配"和"领域错配"，提升金融机构引导资源配置的效率，从而促进产业结构合理化；另一方面，数字金融加速了传统产业与数字技术的深度融合，其人才流动效应推动了高学历高技能劳动力向新兴的数字化产业流动，提升了知识密集型产业比重，进而促进产业结构高级化。

　　综上所述，数字金融能够通过创新机制和产业结构机制，即提升创新能力、促进产业结构合理化和高级化，实现技术改善和优化资源配置效率，并最终提升全要素生产率。而全要素生产率作为影响经济增长三大因素之一是推动经济增长的动力源泉，全要素生产率的增长必然会带动经济增长的提质增效，因而数字金融可以通过提升全要素生产率的渠道来赋能经济增长。

6.4　本章小结

基于第 4 章构建的理论分析框架，结合地级及以上城市的平衡面板数据，本章依次检验数字金融影响经济增长的三大渠道：资本、劳动力和全要素生产率。本章得到的结论如下。

（1）数字金融显著地促进了资本积累。资本作为影响经济增长三大因素之一，是推动经济增长的重要途径，因而资本积累的增加必然会带动经济增长。数字金融不仅整体上促进了资本积累，而且呈现出结构性驱动资本积累的特征，其中，覆盖广度的系数远远大于使用深度和数字化程度的系数，说明数字金融促进资本积累的内在助推力主要源于数字金融的覆盖范围的扩大和触达能力的延伸。进一步的存款和贷款机制检验发现，数字金融通过动员储蓄存款、推动区域贷款余额增长促进资本的形成与积累，进而推动城市经济增长。

（2）数字金融显著地促进了劳动力供给。劳动力是经济增长不可或缺的推动力量，数字金融不仅整体上促进了劳动力供给，而且覆盖广度、使用深度和数字化程度三个子维度均对劳动力供给有显著的促进效应，三个子维度对于劳动力供给同样重要，其中，覆盖广度影响程度最大，使用深度次之，数字化程度最小。在此基础上，本章还深入剖析了数字金融对高低技能劳动力的影响，研究发现，数字金融在提升高技能劳动力的比例的同时也提升了低技能劳动力比例，这意味着，数字金融并未对低技能劳动力产生挤出或替代效应，有助于优化就业结构，实现高质量就业。进一步的创业机制检验发现，数字金融通过激发宏微观层面创业创造出了更多就业机会和岗位，扩大了就业，进而促进城市经济增长。

（3）数字金融显著地提升了全要素生产率。全要素生产率是推动经济增长的动力源泉，而数字金融起到了提升全要素生产率、破除"生产率悖论"

的作用。从结构效应来看，覆盖广度和使用深度对全要素生产率的影响显著为正，而样本期内数字化程度对全要素生产率则无显著的促进作用，这说明要充分释放数字金融的结构效应，应该着力强化数字基础设施的建设，补齐数字化程度不足的短板。进一步的机制检验发现，数字金融能够通过促进创新、推动产业结构合理化和高级化的渠道来推动技术改善和优化资源配置效率，从而起到提升全要素生产率、破除"生产率悖论"的作用，并最终推动城市经济增长。

第 7 章

数字金融驱动经济增长的空间溢出效应

　　数字金融在理论上可以通过突破时空限制、压缩地理距离来调动金融资源，推动城市之间金融要素的流动与融合，增强区域间金融活动的联动性，进而辐射带动邻近区域经济增长。因此，可以合理推断，数字金融对于经济增长的影响可能还存在空间溢出效应，即数字金融不但能促进自身的经济增长，还可能会扩散到邻近城市，辐射带动周围城市的经济增长。本章进一步采用空间计量方法探究地理特征和社会经济特征下数字金融影响经济增长的空间溢出效应，拓展数字金融福利评估的空间范围，为决策部门充分利用数字金融来强化和倍增经济增长的效果，进而为缩小地区经济差距、构建区域间协调发展的格局提供新兴金融供给侧的突破路径。

7.1　空间溢出特征分析

　　首先，数字金融本身具有明显的空间溢出特征。第一，数字技术作为数字金融的内在动能，具有低传递成本和高扩散速度的特点，不仅降低了数据的存储、计算和传输成本，同时也降低了经济活动的搜索成本、复制成本、运输成本、跟踪成本和验证成本（Goldfarb and Tucker，2019），使得要素跨区域跨时空流动成为了可能。数字技术与金融的结合带来了区域经济的空间重组，加速了金融资源的跨区域流通。换言之，数字金融本身具有明显的空间特征，基于数字技术的网络外部性使得数字金融的触达能力不再局限于固有范畴，进一步将空间范围扩展至地理区域与要素流动交互的新型网络空间（王俊豪和周晟佳，2021）。第二，数字金融作为金融的新形态，其本质还是金融，仍然遵循金融的核心属性和发展规律。而且，数字金融的许多业务仍依赖于地理因素，因而可以合理推断，数字金融在地理上存在空间集聚效应（郭峰等，2020）。伊尔马兹等（2002）是较早关注信息技术在地理距离上的表现出空间效应的学者，并基于美国州级数据考察了信息基础设施带来的空间溢出效应。基于中国的经验证据同样也支持数字金融在空间上存在溢出效应，郭峰等（2017）发现中国互联网金融存在较强的正向空间集聚效应。因此，可以推断，数字金融的空间特征必然也会对经济增长产生影响。

其次，经济增长不是一种空间孤立的现象。无论是地理学第一定律，还是新经济地理学，都肯定了空间效应在经济增长中重要作用。在实证上，有不少研究发现，区域经济增长存在着较强的空间特征，空间溢出效应是城市经济增长的一股重要推动力量（张伟丽等，2019；闫东升等，2021）。一方面，经济活动自身存在着空间联系，这种联系表现地理区位的邻近。相邻城市之间的人才、技术和信息的交流可以加深区域间经济活动的互动效应和联动效应，进而促进周围城市学习和模仿高发展水平城市的增长模式，形成区域空间上的增长外溢效应。特别地，随着交通基础设施的不断发展，处于共同区位城市的经济会更加紧密，从而有助于城市经济的集聚效应形成空间上的外溢，带动城市群整体经济效率的提升（张洪鸣和孙铁山，2022）。另一方面，经济活动的空间联系除了表现为地理区位的邻近外，还表现出组织相关。区域之间的文化习俗、社会环境等组织相关因素都会对经济增长产生影响（李婧等，2010），比如，相近文化的地区更容易实现知识的快速吸收和传播，从而促进知识或者技术的应用，推动经济增长。

综上所述，数字金融通过突破时空限制、压缩地理距离来调动金融资源，使得金融的区域场域不再局限于某一特定空间，从而增加跨区域金融活动的互动强度和深度。同时，经济增长的空间逻辑重构了区域经济中点线面的内涵，重塑资源配置的路径，产生了新的空间组合模式。因此，数字金融对于经济增长的影响会存在空间上的溢出效应，即数字金融不但能促进自身的经济增长，其增长效应还可能会扩散到邻近城市。因此，本章利用空间计量经济学进一步考察数字金融影响经济增长的空间溢出效应，从而为充分利用数字金融这一工具来跨区域、跨时空整合和调配金融资源，进而辐射带动区域间经济增长提供新的思路和政策参考。

7.2　空间相关性检验方法

7.2.1　莫兰指数法

空间相关性的存在是进行空间计量分析的前提。目前，空间相关性检验中最常用的指数为莫兰指数（Moran's I），其计算公式如下：

$$\text{Moran's I} = \sum_{i=1}^{n} \sum_{j}^{n} W_{ij}(Y_i - \bar{Y})(Y_j - \bar{Y}) / S^2 \sum_{i=1}^{n} \sum_{j}^{n} W_{ij} \qquad (7-1)$$

其中，$S^2 = \sum_{i=1}^{n} W_{ij}(Y_i - \bar{Y})^2 / n$；n 为城市总数；$Y_i$ 和 Y_j 分别为 i 和 j 城市的观测值；$\bar{Y}$ 为样本均值；W_{ij} 为空间权重矩阵。

莫兰指数的取值范围介于 -1 ~ 1。当莫兰指数处于 0 ~ 1 的范围内时，说明变量存在空间正相关，即相邻或联系密切的城市之间在某些特性方面具有相似属性，高数字金融发展水平城市集聚在一起，低经济增长水平城市集聚在一起；当莫兰指数处于 -1 ~ 0 的范围内时，说明变量存在空间负相关。莫兰指数越接近于 1，说明空间正相关程度越强；越接近于 -1，说明城市间差异大，不集中，即低值和高值相邻、高值和低值相邻；接近 0，说明城市间不存在空间依赖性。

7.2.2　空间权重矩阵选择

由式（7-1）中可知，要计算莫兰指数，还需引入空间权重矩阵。本书构建了地理特征和社会经济特征两大类型的空间权重矩阵，深入考察不同特征空间权重矩阵下的空间相关性。

首先，考察数字金融对经济增长的影响在地理上的空间关联性。数字金融作为金融的新形态，其本质还是金融，仍然遵循金融的核心属性和发展规律。特别地，数字金融的许多业务仍依赖于地理因素，因而可以合理推断，数字金融在地理上存在空间集聚效应（郭峰等，2020）。进一步地，新经济地理学指出，地理距离邻近的区域经济紧密度更强（Krugman，1990），因此，数字金融对经济增长的影响可能在地理上存在空间关联性。目前对于地理空间相关性的度量多采用地理距离或者是否相邻来构建空间权重矩阵，计算公式如下：

$$W_{ij}^{D} = \begin{cases} 0, & i = j \\ 1/d_{ij}^{2}, & i \neq j \end{cases} \qquad (7-2)$$

$$W_{ij}^{G} = \begin{cases} 0, & i \text{ 与 } j \text{ 不相邻} \\ 1, & i \text{ 与 } j \text{ 相邻} \end{cases} \qquad (7-3)$$

式（7-2）为地理空间权重矩阵，d_{ij}为城市 i 到城市 j 的地理中心位置的距离；式（7-3）为邻接空间权重矩阵。

其次，考察数字金融对经济增长的影响在经济社会特征下的空间关联性。无论是用地理距离还是是否相邻来构建空间权重矩阵，都仅仅表现了地理特征层面的影响，相对比较粗糙，无法反映出区域间的经济紧密程度和信息化程度，而数字金融的发展与城市经济发展水平、互联网发展水平密切相关。因此，需要在地理特征之外，进一步从经济紧密性和互联网关联性的角度来构建社会经济特征的空间权重矩阵，从而全面揭示空间影响因素。本小节构建的社会经济特征的空间权重矩阵如下：

第一，新型经济距离空间权重矩阵。已有文献通常利用经济发展水平差异来构建经济距离空间权重矩阵（李宗显和杨千帆，2021），该形式的空间权重矩阵的明显不足在于，假设了两个区域的影响强度是一样的，而现实中上海对宁波的影响强度明显大于宁波对上海的影响强度。据此，本书借鉴李婧等（2010）的研究，将新经济距离空间权重矩阵设定如下：

$$W^{E} = W^{d} \text{diag}(\bar{Y}_1/\bar{Y}, \bar{Y}_2/\bar{Y}, \cdots, \bar{Y}_n/\bar{Y}) \qquad (7-4)$$

其中，W^d 为地理距离空间权重矩阵；$\bar{Y}_n$ 为城市 i 实际 GDP 平均值；$\bar{Y}$ 为总实际 GDP 平均值。

第二，互联网距离空间权重矩阵。数字金融作为新一代通信技术与金融服务的结合体，其影响范围紧密依赖于互联网的综合发展。互联网作为信息化发展的战略性公共基础设施，是数字金融健康发展的根本性支撑条件，进而在很大程度上决定了数字金融对经济增长的助推作用。因此，参考孙大明和原毅军（2019）的做法，设置互联网距离空间权重矩阵如下：

$$W^1 = W^d \mathrm{diag}(\bar{I}_1/\bar{I}, \bar{I}_2/\bar{I}, \cdots, \bar{I}_n/\bar{I}) \qquad (7-5)$$

其中，W^d 为地理距离空间权重矩阵；$\bar{I}_n$ 为城市 i 的互联网发展水平的均值，$\bar{I}$ 为总互联网发展水平的均值。关于互联网发展水平的测度，参考黄群慧等（2019）的做法，从互联网应用和产出两大层面进行衡量，具体包括每百人互联网人数、计算机服务与软件从业人员占从业人员比重、人均电信业务、每百人移动电话数量。由于各基础指标的量纲、量级不同，先对原始指标进行标准化处理，在此基础上利用主成分法加权求和后得到互联网发展水平的综合指标。

综上所述，本章将同时利用地理距离空间权重矩阵、邻接空间权重矩阵、新型经济距离空间权重矩阵、互联网距离空间权重矩阵来考察数字金融影响经济增长的空间关联性。

7.3 空间相关性检验结果分析

7.3.1 中国数字金融的空间相关性

首先，考察数字金融的全局空间相关性。表 7-1 汇报了地理距离空间权重矩阵、邻接空间权重矩阵下城市数字金融的莫兰指数（Moran's I）值。可以看出，在地理距离空间权重矩阵和邻接空间权重矩阵的设定下，莫兰指数均在 1% 水平上显著为正，这说明，虽然数字技术与金融的结合带来了区域经济的空间重组，加速了金融资源的跨区域流通，从而使得数字金融的触达能力不再局限于固有范畴（王俊豪和周晟佳，2021），但是在现实中不能够完全摆脱地理因素的影响，仍然受到地理限制。事实上，郭峰等（2020）也发现，数字金融的发展与城市所处地理位置存在着紧密联系。

表 7-1　　　　　地理特征空间权重矩阵下的数字金融莫兰指数值

年份	地理距离		邻接矩阵	
	Moran's I 值	Z 值	Moran's I 值	Z 值
2011	0.1055 ***	20.9625	0.4372 ***	11.1776
2012	0.1189 ***	23.5590	0.4611 ***	11.5600
2013	0.1176 ***	23.3229	0.4495 ***	11.2718
2014	0.0997 ***	19.8602	0.3830 ***	9.6120
2015	0.1076 ***	21.3883	0.4261 ***	10.6870
2016	0.1049 ***	20.8741	0.4079 ***	10.2328
2017	0.1222 ***	24.2106	0.4490 ***	11.2583
2018	0.1495 ***	29.4469	0.5024 ***	12.9838
2019	0.1542 ***	30.3606	0.5178 ***	13.2428

注：*** 代表通过 1% 的显著性检验。

　　表 7-2 汇报了新型经济距离空间权重矩阵、互联网距离空间权重矩阵下城市数字金融的莫兰指数（Moran's I）值。可以看出，在经济社会特征类的空间权重矩阵设定下，数字金融的莫兰指数也在 1% 水平上显著为正。这意味着，数字金融在区域间经济紧密程度、互联网相关程度上存在着空间依赖性。与地理区位相比，经济距离与互联网距离对数字金融同样重要。一方面，数字金融的发展与城市经济发展水平密切相关，经济发展水平越高的城市，越能够为数字金融突破性创新提供充沛的资源和有效的保障；另一方面，互联网作为信息化发展的战略性公共基础设施，是数字金融健康发展的根本性支撑条件，互联网的发展缩小了企业组织的边界，加速了信息的传播扩散，降低了数字技术的获取成本，推动了数字金融与实体经济的深度融

合。因此，促进经济上的交流、加强互联网的覆盖对于充分释放数字金融的空间效应有着积极作用。

表7-2　　　社会经济特征空间权重矩阵下的数字金融莫兰指数值

年份	经济距离		互联网距离	
	Moran's I 值	Z 值	Moran's I 值	Z 值
2011	0.4233 ***	14.3022	0.2572 ***	9.1664
2012	0.4119 ***	13.9368	0.2553 ***	9.1092
2013	0.4111 ***	13.9077	0.2650 ***	9.4491
2014	0.4482 ***	15.1447	0.2203 ***	7.8730
2015	0.4483 ***	15.1518	0.2739 ***	9.7609
2016	0.4085 ***	13.8161	0.2720 ***	9.6924
2017	0.3902 ***	13.2089	0.2749 ***	9.7989
2018	0.3385 ***	11.4736	0.2778 ***	9.8979
2019	0.3363 ***	11.3990	0.2847 ***	10.1428

注：*** 代表通过1%的显著性检验。

其次，本小节进一步绘制局域莫兰指数散点图，用以清晰识别城市数字金融的空间关系。囿于篇幅，本书仅选了邻接距离空间权重矩阵下的局域莫兰指数进行代表性分析。图7-1和图7-2分别显示了2011年和2019年地理距离空间权重矩阵下的城市数字金融总指数的局域莫兰指数散点图。横向来看，总体而言，绝大多数城市都落在第1象限（高值—高值组合）和第3象限（低值—低值组合），只有少数城市落在了第2象限（低值—高值组合）和第4象限（高值—低值组合）。进一步可以看出，落在第1象限的城市多为东部城市，而这些城市自身以及邻近城市的数字金融发展水平都比较高；落在第3象限的城市多为中西部城市，而这些城市自身以及邻近城市的数字金融发展水平都比较高。这说明，城市数字金融存在着正向空间相关性，即虽然数字金融具备突破地理限制的特征，但是往往无法真正摆脱地理因素的约束。纵向比较数字金融空间自相关性，邻接距离空间权重矩阵下的局域莫兰指数呈现出进一步加强的趋势。

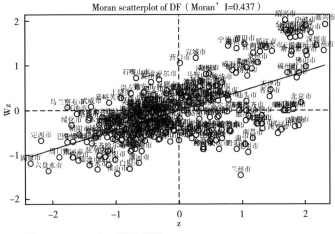

图 7 - 1　2011 年城市数字金融的局域莫兰指数散点图

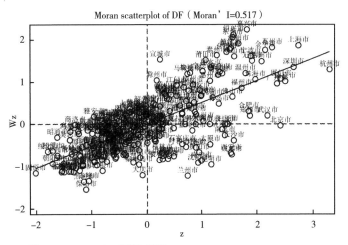

图 7 - 2　2019 年城市数字金融的局域莫兰指数散点图

7.3.2　中国经济增长的空间相关性

首先，考察城市经济增长的全局空间相关性。表 7 - 3 汇报了地理距离空间权重矩阵、邻接空间权重矩阵、新经济距离空间权重矩阵下城市数字金融的莫兰指数（Moran's I）值。可以看出，在地理距离空间权重矩阵和邻接空间权重矩阵的设定下，莫兰指数均在1%水平上显著为正，这说明，城市经济增长在地理上表现出强烈的空间集聚性。其原因在于，人才、技术和信息的交流更加容易在地理区位邻近的城市之间实现，从而加深了区域间经济活动的互动效应和联动效应，进而促进周围城市学习和模仿高发展水平城市的增长模式，形成区域空间上的增长外溢效应。特别地，随着交通基础设施的不断发展，处于共同区位城市的经济会更加紧密，从而有助于城市经济的集聚效应形成空间上的外溢，带动城市群整体经济效率的提升（张洪鸣和孙铁山，2022）。

表7-3   地理特征空间权重矩阵下的城市经济增长的莫兰指数值

年份	地理距离		邻接矩阵	
	Moran's I 值	Z 值	Moran's I 值	Z 值
2011	0.0907***	18.1278	0.4232***	10.8367
2012	0.0873***	17.4762	0.4217***	10.5747
2013	0.0853***	17.0933	0.4183***	10.4913
2014	0.0827***	16.5928	0.4147***	10.4004
2015	0.0796***	15.9944	0.4102***	10.2867
2016	0.0755***	15.2123	0.3999***	10.0315
2017	0.0741***	14.9420	0.3957***	9.9263
2018	0.0726***	14.6394	0.3932***	9.8453
2019	0.0711***	14.3616	0.3812***	9.7663

注：***代表通过1%的显著性检验。

表7-4汇报了新型经济距离空间权重矩阵、互联网距离空间权重矩阵下城市经济增长的莫兰指数（Moran's I）值。可以看出，在经济社会特征类的空间权重矩阵设定下，经济增长的莫兰指数也在1%水平上显著为正。这意味着，经济增长在区域间经济紧密程度、互联网相关程度上存在着空间依赖性。与地理区位相比，经济距离与互联网距离对城市经济增长同样重要，因此，促进经济上的交流、加强互联网的覆盖对于城市经济增长有着重要的支撑作用。

表7-4　　社会经济特征空间权重矩阵下的城市经济增长的莫兰指数值

年份	经济距离		互联网距离	
	Moran's I 值	Z 值	Moran's I 值	Z 值
2011	0.6567***	22.1384	0.1010***	3.6771
2012	0.6568***	22.1386	0.0979***	3.5670
2013	0.6559***	22.1102	0.0990***	3.6085
2014	0.6546***	22.0656	0.0999***	3.6391
2015	0.6515***	21.9693	0.1042***	3.7893
2016	0.6418***	21.6328	0.1083***	3.9334
2017	0.6375***	21.4884	0.1100***	3.9954
2018	0.6336***	21.3568	0.1090***	3.9598
2019	0.6284***	21.1850	0.1078***	3.9178

注：***代表通过1%的显著性检验。

其次，本小节进一步绘制局域莫兰指数散点图，用以清晰识别城市经济增长的空间关系。囿于篇幅，本书仅选了邻接距离空间权重矩阵下的局域莫兰指数进行代表性分析。图7-3和图7-4分别显示了2011年和2019年地理距离空间权重矩阵下的城市人均实际增长的局域莫兰指数散点图。总体而言，绝大多数城市都落在第1象限和第3象限，只有少数城市落在了第2象限和第4象限。进一步可以看出，落在第1象限的城市多为东部城市，而这些城市自身以及邻近城市的经济发展水平都比较高；落在第3象限的城市多为中西部城市，而这些城市自身以及邻近城市的经济发展水平都比较高。这说明，城市经济增长存在着正向空间相关性，即城市经济增长存在着地理因素上的空间依赖性，可能原因在于地理距离更近的城市之间更容易形成人才、技术和信息的交流，可以加深区域间经济活动的互动效应和联动效应，进而促进周围城市学习和模仿高发展水平城市的增长模式，形成区域空间上的增长外溢效应。特别地，随着交通基础设施的不断发展，地理距离更近的城市之间的经济联系会更加紧密。

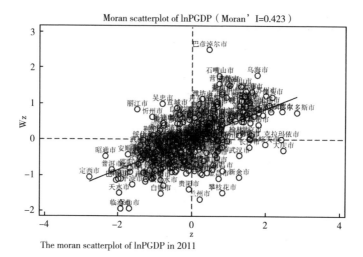

图 7 - 3　2011 年城市经济增长的局域莫兰指数散点图

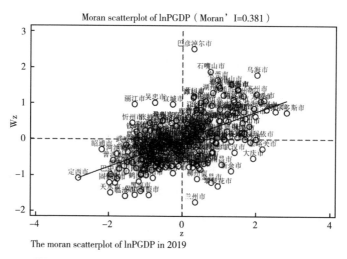

图 7 - 4　2019 年城市经济增长的局域莫兰指数散点图

7.4　空间计量模型构建

7.4.1　空间杜宾模型设定

选择避免偏误的空间计量模型对于估计结果至关重要。目前应用较广泛的空间计量模型主要包括空间滞后模型（SAR），空间误差模型（SEM）和空间杜宾模型（SDR）。由于 SDM 同时综合了 SAR 和 SEM，在形式上更具一般性，约束条件也更少，而且估计上具备无偏性（LeSage and Pace，2009），因此，本小节选用 SDM 对数字金融影响经济增长的空间效应进行考察。本书还进一步借鉴了埃洛斯特（Elhorst，2014）的做法，采用"具体到一般"再到"一般到具体"的策略，依次进行朗格朗日因子检验、空间杜宾模型固定效应、豪斯曼检验、空间杜宾模型简化检验，检验结果也显示固定效应空间杜宾模型具有更好的拟合效果。双重固定效应空间杜宾模型设置如下：

$$\ln PGDP_{it} = \beta_0 + \rho W \ln PGDP_{it} + \beta_1 DF_{it} + \Phi W DF_{it} + \beta X_{it}$$
$$+ \eta W X_{it} + \lambda_i + \mu_t + \varepsilon_{it} \tag{7-6}$$

其中，被解释变量 $\ln PGDP_{it}$ 表示 i 城市 t 年的经济增长；DF_{it} 为数字金融发展水平；X_{it} 为一系列城市层面的控制变量组成的向量组；W 为空间权重矩阵，分别包括地理距离、邻接等地理特征空间权重矩阵，以及新型经济距离、互联网距离等社会经济特征空间权重矩阵；ρ、Φ 和 η 为空间回归系数；μ_i 和 φ_t 为分别为城市固定效应和时间固定效应；ε_{it} 为随机误差项。考虑到可能存在的异方差问题和城市经济增长在时间上的关联性，本小节采用聚类到城市层面的稳健标准误对模型进行调整（Cameron and Miller，2015）。

由于空间杜宾模型同时包含核心解释变量和被解释变量的空间滞后项，导致回归系数包含了交互信息，不满足信息集独立的假设，因而空间交互项的回归系数值不能用以直接解释数字金融对经济增长的边际影响效应（LeSage and Pace，2009）。本小节利用偏微分方程将数字金融影响经济增长的总效应分解为直接效应和间接效应进行解释，两者可以通过因变量对自变量求偏导得到，两者相加之和等总效应。具体而言，空间杜宾模型的一般形式如下：

$$y = \rho W y + x \beta + \Phi W x + \alpha \iota_n + \varepsilon \tag{7-7}$$

进一步将式（7-7）改写为：

$$y = (I_n - \rho W)^{-1}(x\beta + \Phi W x) + (I_n - \rho W)^{-1}(\alpha \iota_n + \varepsilon) \tag{7-8}$$

因而偏微分方程矩阵可写为：

$$
\left[\frac{\partial y}{\partial x_{1K}} \quad \cdots \quad \frac{\partial y}{\partial x_{nK}} \right] =
\begin{bmatrix}
\dfrac{\partial y_1}{\partial x_{1K}} & \cdots & \dfrac{\partial y_1}{\partial x_{nK}} \\
\vdots & \vdots & \vdots \\
\dfrac{\partial y_n}{\partial x_{1K}} & \cdots & \dfrac{\partial y_n}{\partial x_{nK}}
\end{bmatrix}
$$

$$
= (I_n - \rho W)^{-1}
\begin{bmatrix}
\beta_K & W_{12}\Phi_K & \cdots & W_{1n}\Phi_K \\
W_{21}\Phi_K & \beta_K & \cdots & W_{2n}\Phi_K \\
\vdots & \vdots & \vdots & \vdots \\
W_{n1}\Phi_K & W_{n2}\Phi_K & \cdots & \beta_K
\end{bmatrix}
\qquad (7-9)
$$

式（7-9）第二行矩阵中的对角线元素为直接效应，即变量 x_{iK} 对该空间单元的被解释变量的平均效应，非对角线元素为间接效应，即变量 x_{iK} 对其他相关空间单元的被解释变量的平均效应。

7.4.2 变量构建与数据来源

本小节的变量构建与数据来源如下：

（1）被解释变量：经济增长（lnPGDP）。采用人均实际 GDP 的对数值来衡量经济增长。

（2）核心解释变量：数字金融（DF）。使用"北京大学数字普惠金融指数"来衡量中国数字金融发展水平。同样地，将该指数及其子维度均除以 100 作为原始数据。

（3）控制变量。为了缓解遗漏变量偏误，参考已有研究，本书还控制了一系列城市层面的变量：资本（lnk）用人均实际资本存量的对数值来衡量；劳动力（L）用就业人数占总人口的比重来衡量；人力资本（Human）用每万人中普通高等学校在校生人数来衡量；财政规模（Government）用一般预算支出与地区生产总值之比来衡量；外商直接投资（FDI）用当年实际利用外资与 GDP 之比来衡量；市场化程度（MI）采用樊纲和王小鲁编制的市场化指数来衡量；城镇化水平（Urban）用城镇人口与总人口之比直接投资来衡量；产业结构（Structure）用第二产业增加值占 GDP 的比重来衡量产业结构；基础设施（Infrastructure）用人均道路拥有面积来衡量。

值得说明的是，以上的变量选取、测度和来源均同第 5 章 5.1.2 小节一致，此处不再赘述。所有名义变量均采用对应价格指数统一折算为以 2011 年为基期的固定价格。

7.5　空间计量结果分析

7.5.1　基准回归结果

根据式（7-6）进行回归，考察数字金融影响经济增长的空间效应。

表 7-5 汇报了地理距离空间权重矩阵、邻接空间权重矩阵、经济距离空间权重矩阵、互联网空间权重矩阵下式（7-6）的回归结果。可以看出，四种不同空间权重矩阵的空间杜宾模型回归结果中，经济增长的空间自回归系数均在 1% 水平上显著为正，数字金融与四种空间权重矩阵的交互项也均在 1% 水平上显著为正，说明城市不仅受到经济增长的内生交互效应的影响，还受到了数字金融的外生交互效应的影响。

表 7-5　　　　　　空间杜宾模型（SDM）的估计结果

变量	lnPGDP			
	（1）地理距离	（2）邻接	（3）经济距离	（4）互联网距离
DF	0.0639 *** （0.0187）	0.0834 *** （0.0191）	0.4413 *** （0.0291）	0.1532 *** （0.0181）
WDF	0.3158 *** （0.1060）	0.0795 *** （0.0187）	0.1373 *** （0.0073）	0.0921 *** （0.0341）
WlnPGDP	0.9618 *** （0.0073）	0.2291 *** （0.0301）	0.5769 *** （0.0179）	0.4889 *** （0.0126）
控制变量	控制	控制	控制	控制
城市固定效应	控制	控制	控制	控制
年份固定效应	控制	控制	控制	控制

变量	lnPGDP			
	（1）地理距离	（2）邻接	（3）经济距离	（4）互联网距离
直接效应	0.0910 *** （0.0186）	0.0809 *** （0.0197）	0.4778 *** （0.0305）	0.2780 *** （0.0206）
间接效应	9.9823 *** （3.3979）	0.0519 *** （0.0102）	0.8907 *** （0.1588）	1.0280 *** （0.1267）
总效应	10.0733 *** （3.4016）	0.1328 *** （0.0163）	1.3685 *** （0.1688）	1.3060 *** （0.1368）
Log-L	4854.2983	4966.8962	994.4394	4587.4282
R-sq	0.8965	0.8952	0.8290	0.8955

注：***代表通过1%的显著性检验；括号内为聚类到城市层面的稳健标准误。

综上所述，充分利用数字金融这一工具来跨区域、跨时空整合和调配金融资源进而辐射带动区域间经济增长，不仅需要加强地理邻近城市之间的沟通，还需要强化区域间经济和网络的联系来突破地理束缚和区域限制，进而放大经济增长的空间范围。

7.5.2 稳健性检验

参考赵涛等（2020）的做法，本小节同时采用空间滞后模型（SAR）进行回归，用以比较研究结果的稳健性。表7-6汇报了地理距离空间权重矩阵、邻接空间权重矩阵、经济距离空间权重矩阵、互联网距离空间权重矩阵下空间滞后模型的回归结果。可以看出，四种不同空间权重矩阵的SAR回归结果中，经济增长的空间自回归系数以及数字金融空间交互项系数均在1%水平上显著为正，说明城市不仅受到经济增长的内生交互效应的影响，还受到了数字金融的外生交互效应的影响。利用偏微分方程将数字金融影响经济增长的总效应分解为直接效应和间接效应后，不同空间权重矩阵下SAR的直接效应、间接效应和总效应也显著为正，说明数字金融的发展不但能够带动本城市的经济增长，还可以通过地理特征以及作用于城市间经济与互联网联系辐射带动邻近城市经济增长。本小节的研究结论在不同模型设定下十分稳健，再次验证了数字金融对经济增长的影响具有空间溢出效应。

表 7-6　　　　　　　空间滞后模型（SAR）的估计结果

变量	lnPGDP			
	（1）地理距离	（2）邻接	（3）经济距离	（4）互联网距离
DF	0.0969 *** （0.0149）	0.1879 *** （0.0206）	0.1600 *** （0.0173）	0.0962 *** （0.0126）
WlnPGDP	0.9790 *** （0.0041）	0.2312 *** （0.0257）	0.1978 *** （0.0319）	0.0668 *** （0.0235）
控制变量	控制	控制	控制	控制
城市固定效应	控制	控制	控制	控制
年份固定效应	控制	控制	控制	控制
直接效应	0.1141 *** （0.0176）	0.1897 *** （0.0197）	0.1612 *** （0.0169）	0.1281 *** （0.0108）
间接效应	4.0562 *** （0.8564）	0.0373 *** （0.0102）	0.0391 *** （0.0084）	0.0820 *** （0.0368）
总效应	4.1703 *** （0.8707）	0.2270 *** （0.0153）	0.2003 *** （0.0224）	0.2101 *** （0.0485）
Log-L	4948.4127	4986.6972	4590.8553	4986.6292
R-sq	0.8967	0.8940	0.8955	0.8990

注：*** 代表通过 1% 的显著性检验；括号内为聚类到城市层面的稳健标准误。

7.6　本章小结

数字金融在理论上可以通过突破时空限制、压缩地理距离来调动金融资源，推动城市之间金融要素的流动与融合，增强区域间金融活动的联动性。因此，本章进一步利用空间计量经济学的方法来检验数字金融影响经济增长的空间溢出效应。

本章首先测度了地级及以上城市的地理距离空间权重矩阵、邻接空间权重矩阵、经济距离空间权重矩阵、互联网距离空间权重矩阵，并利用莫兰指数（Moran's I）考察了数字金融和经济增长在四种不同权重矩阵下的空间相关性，发现两者在地理特征空间权重矩阵和社会经济特征空间权重矩阵上存在着正向空间相关性，局域莫兰指数散点图也再次验证了这一结论。

进一步的空间杜宾模型的实证结果显示，直接效应和间接效应均显著为正，说明数字金融不但促进了本区域的经济增长，还带动了邻近城市经济增长。而且，空间溢出效应在地理距离、邻接、新型经济距离、互联网距离等四种空间权重矩阵下均显著成立。这表明，与地理特征一样，社会经济因素对释放数字金融影响经济增长的空间效应同样重要，利用数字金融来放大经济增长的空间范围，不仅需要促进地理邻近城市间的沟通交流，还需要强化区域间经济和网络上的联系，从而充分发挥数字金融促进和倍增经济增长的效果，扩大经济增长效应的受益范围。上述研究结论在空间滞后模型的设定下十分稳健，再次验证了数字金融对经济增长的影响具有空间溢出效应。

| 第 8 章 |

结论与政策启示

8.1 主要结论

以新动能驱动中国经济增长离不开金融的支撑。金融作为实体经济的血脉，发挥着为实体经济造血、活血和输血的功能。"金融活经济活，金融稳经济稳"。数字金融作为新兴的金融模式，以惊人的速度革新了传统金融的技术、模式与业态，以低成本、高效率、广覆盖的优势为经济主体提供了可持续的金融服务，弥补了传统金融的供给不足，缓解了金融资源错配，提升了金融运行效率，推动了普惠金融的发展，在促进、放大和倍增经济增长上发挥出独特的优势。基于上述背景，深入理解数字金融的经济增长效应、系统剖析数字金融与经济增长的内在机制就显得十分重要。本书从理论和实证双重视角系统研究了数字金融对经济增长的因果效应、多维度异质性和空间溢出效应，揭示了数字金融影响经济增长的作用机制，得到了如下结论。

第一，利用地级及以上城市的数据实证发现，数字金融对经济增长具有显著的正向促进效应，这一结果在进一步引入省份与年份联合固定效应进行更严格地控制、更换被解释变量、使用两阶段系统广义矩估计重新回归、剔除直辖市和省会城市与副省级城市、缩短样本区间、对变量在1%和99%分位上进行缩尾处理等一系列稳健性检验后仍然显著成立。进一步地，本书通过寻找工具变量和借助外生政策冲击来重点缓解数字金融与经济增长之间因遗漏变量偏误和反向因果关系导致的内生性干扰，进而准确识别两者之间的因果关系。首先，利用地理信息系统分别测度了所在城市到杭州市的距离以及到所在省份的省会的地理距离，乘以除本城市以外的全国数字金融均值进行工具变量回归，工具变量回归结果一致于基准回归结果；其次，借助中国人民银行 2016 年发布的《G20 数字普惠金融高级原则》形成的准自然实验，利用双重差分法进一步克服内生性干扰，研究结果显示，政策实施也显著促进了经济增长。因此，本书的结论是可靠的。

第二，利用分位数回归、门槛模型等多种计量方法从横纵双重视角出发，深入剖析了数字金融影响经济增长的异质性效果，研究发现，数字金融的经济增长效应存在着横纵层面的多维度异质性。在横向层面，首先，从结构效应来看，数字金融在覆盖广度、使用深度和数字化程度三个一级维度上都显著促进了经济增长，三个维度对于经济增长同样重要，呈现出结构性驱动经济增长的特征；其次，从区域效应来看，数字金融的经济增长效应在中西部城市要远远大于东部城市，体现出数字金融能够成为中西部城市追赶东部城市的后发优势；再次，从普惠效应来看，分位数回归显示，数字金融的经济增长效应在经济发展程度较低的城市大于经济发展程度较高的城市，说明数字金融的经济增长效应是一种包容性增长效应，有助于改善我国不平衡、不充分的发展局面；最后，从监管效应来看，门限回归显示，数字金融的经济增长效应随着金融监管强度的增强而得到了强化，较强的金融监管有助于在金融稳定的环境下充分释放数字金融助力经济增长的效果。在纵向层面，从动态效应来看，数字金融对经济增长有着持续的促进作用，该促进效应随时间推移缓慢衰减。

第三，以经济增长的三大因素为主线，系统剖析了数字金融影响经济增长的理论机理，并基于理论分析框架实证检验了数字金融影响经济增长的三大渠道，研究发现：首先，从资本渠道来看，数字金融不仅整体上促进了资本积累，而且呈现出结构性驱动资本积累的特征，其中，覆盖广度的系数远远大于使用深度和数字化程度的系数，说明数字金融促进资本积累的内在助推力主要源于数字金融的覆盖范围的扩大和触达能力的延伸。进一步的存款和贷款机制检验发现，数字金融通过动员储蓄存款、推动区域贷款余额增长促进资本积累，进而推动城市经济增长。其次，从劳动力渠道来看，数字金融不仅整体上促进了劳动力供给，而且三个子维度对于劳动力供给同样重要，其中，覆盖广度影响程度最大，使用深度次之，数字化程度最小。而且，数字金融在提升高技能劳动力的比例的同时也提升了低技能劳动力比例，这意味着，数字金融并未对低技能劳动力产生挤出效应，有助于优化就业结构、实现高质量就业。进一步的创业机制检验发现，数字金融通过激发宏微观层面创业创造出更多就业机会和岗位，扩大了就业，进而促进城市经济增长。最后，从全要素生产率渠道来看，数字金融显著地提升了全要素生产率，其中，覆盖广度和使用深度对全要素生产率的影响显著为正，而样本期内数字化程度对全要素生产率则无显著的促进作用，这说明要充分释放数字金融的结构效应要强化数字基础设施的建设。进一步的机制检验发现，数字金融能够通过促进创新、推动产业结构合理化和高级化、推动技术改善和优化资源配置效率起到提升全要素生产率、破除"生产率悖论"的作用，并最终作用于城市经济增长。

第四，数字金融不但能促进城市自身的经济增长，还会通过地理特征和社会经济特征辐射带动周围城市的经济增长，形成空间溢出效应，扩大经济增长效应的受益范围。在测度城市的地理距离、邻接、新型经济距离、互联网距离等空间权重矩阵的基础上，利用莫兰指数发现，数字金融和经济增长均在不同空间权重下均存在着正向空间相关性。进一步利用空间杜宾模型研究发现，经济增长的空间自回归系数和数字金融空间交互项均显著为正，说明城市不仅受到经济增长的内生交互效应的影响，还受到了数字金融的外生交互效应的影响。实证结果还显示，直接效应和间接效应均显著为正，说明数字金融不但促进了本区域的经济增长，还带动了邻近城市经济增长。而且，空间溢出效应在地理距离、邻接、新型经济距离、互联网距离等四种空间权重矩阵下均显著成立。这表明，与地理特征一样，社会经济因素对释放数字金融影响经济增长的空间效应同样重要，利用数字金融来放大经济增长的空间范围，不仅需要促进地理邻近城市间的沟通交流，还需要强化区域间经济和网络上的联系，从而充分发挥数字金融促进和倍增经济增长的效果。

8.2　政策启示

基于以上结论，本书提出了数字金融更好地赋能经济增长的政策建议。

第一，政府部门应重视数字金融能够促进经济增长的强大作用，在战略层面积极把握新一轮科技革命的新机遇，继续做大做优做强中国数字金融。本书研究发现，在中国经济由高速增长向高质量发展转变的关键时期，大力发展数字金融，不但有助于构建现代化金融体系，还能推动经济增长实现提质增效、占据未来数字经济竞争制高点。因此，首先，应积极支持金融机构推进数字化转型，鼓励企业借助数字技术开展金融科技创新，探索数字金融在经济社会领域的广泛应用，畅通实体经济的金融血脉。其次，积极引导财政资金加大对数字金融发展的支持，充分利用中央和地方各类专项资金投向数字金融相关领域，加强税收优惠支持，结合数字金融自身特点制定相关税收优惠政策与征管制度，从而有利于形成数字金融和经济增长相互促进的良性循环，最终强化和倍增数字金融的经济增长效应。最后，数字金融作为技术驱动型的金融创新，数字技术在其中发挥着至关重要的作用，因此，应推动数字技术和实体经济深度融合，利用数字技术对传统产业进行全方位、多维度的改造，促使经济活动主体积极进行数字化转型，营造良好数字生态，加快数字社会建设步伐，在满足人民日益增长的美好生活需要的根本目的同时形成中国经济发展的新引擎。

第二，在坚持"一地一策"差异化的数字金融基础设施推进方案的同时，进一步完善金融风险监管机制，助力金融生态体系建设。本书的异质性分析发现，数字金融的经济增长效应存在结构、发展和区域上的不平衡问题，因此，应积极推进数字金融基础设施协调发展，重点加强新型基础设施建设，尤其是对于中西部等信息基础设施较薄弱地区，应坚持差异化政策实施方案。宽带网络作为新一轮信息化发展的战略性公共基础设施，是数字金融健康发展的根本性支撑条件，改善宽带网络区域发展不平衡的局面不仅能够进一步强化数字金融与经济增长之间的助推关系，而且对缩小地区和城乡差距、实现共同富裕具有深远意义。新时期中国实施的一系列改善信息基础设施的战略性举措极大地提高了宽带网络设施水平，但是宽带网络区域发展不平衡仍是一个需要完善的方面。首先，积极完善宽带网络公共基础设施，重点推进宽带网络光纤化改造，特别是针对中西部地区、农村地区给予适当政策倾斜，因地制宜、灵活采用各类技术手段扩大网络覆盖范围、提高宽带网络信息服务水平。其次，中国经济进入 21 世纪的第三个 10 年，传统基础设施建设的边际作用开始下降，以 5G 基站、大数据中心、人工智能、工业互联网、智慧城市等为代表的新基建在面向数字经济、服务高质量发展上开始发挥支撑作用。从长期来看，新基建不但为营造良好数字生态、加快数字社会建设步伐奠定了坚实基础，更为数字金融从覆盖广度、使用深度、数字化程度三个维度结构性地赋能经济增长提供了条件。基于上述逻辑，应加快推进新型基础设施建设，部署全国一体化大数据中心体系，从而强化规划布局联动；同时，立足城市资源禀赋和产业优势，选择不同的重点发展领域推进新基建，从而为中国经济的转型升级和提质增效提供新动能。

本书的异质性分析还发现，随着金融监管的加强，数字金融对经济增长的驱动作用也得到了强化。因此，进一步完善金融风险监管机制有助于有效规避和化解套利行为和借贷风险，引导金融资源流向实体经济，抑制企业"脱实入虚"，从而促进数字金融行业有序发展，提升金融供给的质量和效率。本书认为，对于数字金融的监管要把握三个主要方向：首先，在防范风险的同时能够包容金融创新，在创新与监管之间取得审慎的平衡。如今中国数字金融的技术与规模都处于全球领先地位，要继续维持数字金融的领先优势、占据未来数字经济的制高点，关键是转变监管思路、降低监管不确定性，因而可借鉴监管沙盒的模式，结合上海等 6 地的金融科技创新监管试点的经验，以国务院金融稳定发展委员会为执行主体，协调监管部门与跨部门合作，采取局部试点、先试先行的思路，建立包含准入标准、运行管理、消费者保护、政策协调、评估与退出的动态的监管机制，从而激发监管的敏捷性，提升监管的可视化。其次，在确立差异化的监管原则同时保持监管的一致性。对于不同类型的数字金融参与者，应根据参与者的服务对象进行领域细分，采取差异化的监管原则。在监管一致性上应重视《新巴塞尔资本协议》的标准和实施。最后，推动金融监管模式的数字化转型。数字金融创新了新的金融模式和业态，对金融监管提出了更高的要求，因而需要将数字技术引入监管部门的技术系统，提高数据的收集和管理能力，对数字金融平台的风控能力进行即时识别和全面的追踪，从而在平台生存和风险防范之间取得平衡。

第三，完善金融支持创新创业政策，助力中小企业融资扩面和个体创业服务提质，充分释放数字金融激发创新潜能、释放创业活力的积极作用。本书的机制研究发现，创新创业是数字金融赋能经济增长的重要机制，数字金融在促进创新创业上发挥着重要作用。因此，一方面应围绕数字技术创新链条加强创新主体培育和创新平台建设，构建高效灵活的数据底座提升数据输出能力，调动创新资源推动数字金融商业模式创新，从而进一步拓展数字金融的覆盖范围和触达能力，智能化、精准化、高效化地解决各类市场创新面临的资金需求瓶颈，最大限度释放创新活力。另一方面，不断健全创业人才流动与培养机制。数字金融发展的关键是数字人才的支持，这对就业市场也提出了新的挑战，因此，应进一步优化创业的市场环境，充分发挥企业和人才的主体作用，通过建立多渠道灵活创业机制，清除各类限制劳动力充分流动的政策，实现人才畅通流动；通过加强就业创业服务平台建设，大规模开展数字金融从业人员技能培训，让一批具有冒险精神的人群能够依托于数字金融实现创业，从而探索形成可复制、可推广的经验，最终形成创新支持创业、创业带动就业的互促共进的局面。

第四，重视数字金融放大、强化和倍增经济增长空间范围的能力，充分利用数字金融这一工具来跨区域、跨时空整合金融资源进而辐射带动区域间经济增长。本书研究发现，数字金融不但能促进城市自身的经济增长，还会通过地理区位和社会经济联系扩散到邻近城市，从而放大数字金融的经济增长效应的空间范围。因此，推动跨区域、跨组织的人才交流和技术共享，加强对数字技术人力资源缺乏城市的外部扶持，推进数字金融基础设施不发达地区的建设，夯实数字技术基础薄弱城市的信息基础，扩大互联网的覆盖范围，有助于改善人力资本在不同区域的有效配置，从而畅通数字金融和经济增长之间的作用渠道。同时，通过搭建跨部门公共数据平台，推进跨区域支付结算体系建设，打造区域一体化风险监管系统，加大新型基础设施建设的协调力度，以此夯实数字金融赋能经济增长的技术基础和制度保障，拓宽数字金融的空间溢出渠道，从而强化数字金融赋能经济增长的助推关系，充分释放数字金融突破时空限制来调配资源的潜力，加深区域间经济活动的互动与联动，实现中国经济增长的整体腾飞。

8.3　研究展望

本书聚焦于"数字金融与经济增长"两大核心主题，以经济增长的三大因素为主线，从理论和实证层面系统探究数字金融对经济增长的多维度影响效应，并深入剖析了数字金融影响经济增长的渠道，对培育经济增长新动能，构建现代化金融体系有着重要的理论价值和现实意义。但囿于自身研究能力、相关研究进展以及数据的限制，不可避免地存在不足与待完善的地方。为此，本书作出研究展望。

第一，挖掘数字金融的经济增长效应的具体微观机制。由于中国经济呈现出以城市化为主线的突出路径，城市正在成为数字经济的重要功能单元，研究城市数字金融发展具有重要的现实意义，因而本书选用了信息更丰富的城市层面数据作为研究对象。但是从城市层面研究数字金融与经济增长的关系，难以识别两者之间的微观机制，比如本书第 6 章关于数字金融对高低技能劳动力的影响分析，就受限于无法获取微观个体的学历信息和岗位信息，只选用了代表性行业进行分析。未来可结合中国家庭追踪调查数据、中国家庭金融调查数据等微观数据，深入探索数字金融的经济效应的具体微观机制，为数字金融的宏观经济效应提供更加丰富的微观证据。

第二，进一步考察数字金融能否兼顾"稳增长"与"防风险"的双重目标。防控金融风险是防范化解重大风险攻坚战的重点：一方面，数字金融能够缓解地方政府债务成本和融资约束，降低金融风险；另一方面，数字金融能够弱化地理、区域和金融机构的边界，加速风险跨区传递，影响金融市场稳定性。因此，实证考察数字金融对金融风险的影响，对于把握好"稳增长"与"防风险"的平衡点，进而推动经济高质量发展具有重要的政策价值。这是本书未来值得重点探究的一个研究方向。

参考文献

［1］贝多广．金融发展的次序——从宏观金融、资本市场到普惠金融［M］．北京：中国金融出版社，2017.

［2］柏培文，张云．数字经济、人口红利下降与中低技能劳动者权益［J］．经济研究，2021，56（5）：91－108.

［3］蔡昉．人口转变、人口红利与刘易斯转折点［J］．经济研究，2010，45（4）：4－13.

［4］陈朴，林垚，刘凯．全国统一大市场建设、资源配置效率与中国经济增长［J］．经济研究，2021，56（6）：40－57.

［5］陈宪，韩太祥．文化要素与经济增长［J］．经济理论与经济管理，2008（9）：12－18.

［6］陈晓红，李杨扬，宋丽洁，等．数字经济理论体系与研究展望［J］．管理世界，2022，38（2）：208－224.

［7］陈彦斌，刘哲希．经济增长动力演进与"十三五"增速估计［J］．改革，2016（10）：106－117.

［8］陈云松．逻辑、想象和诠释：工具变量在社会科学因果推断中的应用［J］．社会学研究，2012，27（6）：192－216＋245－246.

［9］陈中飞，江康奇．数字金融发展与企业全要素生产率［J］．经济学动态，2021（10）：82－99.

［10］蔡跃洲，张钧南．信息通信技术对中国经济增长的替代效应和渗

透效应 [J]. 数量经济技术经济研究, 2015, 50 (12): 100 – 114.

[11] 程名望, 贾晓佳, 仇焕广. 中国经济增长 (1978～2015): 灵感还是汗水? [J]. 经济研究, 2019, 54 (7): 30 – 46.

[12] 戴国强, 方鹏飞. 利率市场化与银行风险——基于影子银行与互联网金融视角的研究 [J]. 金融论坛, 2014, 19 (8): 13 – 19 + 74.

[13] 段军山, 邵骄阳. 数字金融发展影响家庭资产配置结构了吗 [J]. 南方经济, 2022 (4): 32 – 49.

[14] 戴若尘, 祝仲坤, 张晓波. 中国区域创业创新指数构建与空间格局: 1990～2020 [J]. 经济科学, 2024 (1): 5 – 34.

[15] 都阳, 蔡昉, 屈小博, 等. 延续中国奇迹: 从户籍制度改革中收获红利 [J]. 经济研究, 2014, 49 (8): 4 – 13 + 78.

[16] E. S. 肖. 经济发展中的金融深化 [M]. 王威, 等译. 北京: 中国社会科学出版社, 1989.

[17] 樊纲, 王小鲁, 马光荣. 中国市场化进程对经济增长的贡献 [J]. 经济研究, 2011, 46 (9): 4 – 16.

[18] 范建双, 虞晓芬, 周琳. 城镇化、城乡差距与中国经济的包容性增长 [J]. 数量经济技术经济研究, 2018, 35 (4): 41 – 60.

[19] 傅利福, 厉佳妮, 方霞, 等. 数字普惠金融促进包容性增长的机理及有效性 [J]. 统计研究, 2021, 38 (10): 62 – 75.

[20] 傅秋子, 黄益平. 数字金融对农村金融需求的异质性影响——来自中国家庭金融调查与北京大学数字普惠金融指数的证据 [J]. 金融研究, 2018 (11): 68 – 84.

[21] 封思贤, 徐卓. 数字金融、金融中介与资源配置效率 [J]. 改革, 2021 (3): 40 – 55.

[22] 郭峰, 孔涛, 王靖一. 互联网金融空间集聚效应分析——来自互联网金融发展指数的证据 [J]. 国际金融研究, 2017 (8): 75 – 85.

[23] 郭峰, 工靖一, 工芳, 等. 测度中国数字普惠金融发展: 指数编制与空间特征 [J]. 经济学 (季刊), 2020, 19 (4): 1401 – 1418.

[24] 郭峰, 熊瑞祥. 地方金融机构与地区经济增长——来自城商行设

立的准自然实验 [J]. 经济学（季刊），2018，17（1）：221 – 246.

[25] 顾海峰，闫军. 互联网金融与商业银行盈利：冲击抑或助推——基于盈利能力与盈利结构的双重视角 [J]. 当代经济科学，2019，41（4）：100 – 108.

[26] 龚强，张一林，郁芸君. 支付革命、金融深化与包容性发展 [C]. 数字开放平台第四次学术论坛，2020.

[27] 龚星宇，姜凌，余进韬. 不止于减碳：低碳城市建设与绿色经济增长 [J]. 财经科学，2022（5）：90 – 104.

[28] 郭庆旺，贾俊雪. 中国全要素生产率的估算：1979—2004 [J]. 经济研究，2005，40（6）：51 – 60.

[29] 郭豫媚，陈彦斌. 中国潜在增长率的估算及其政策含义：1979—2020 [J]. 经济学动态，2015（2）：12 – 18.

[30] 何平. 金融科技要适应数字经济发展的全新要求 [N]. 中国经营报，2021 – 11 – 11.

[31] 何宗樾，宋旭光. 数字金融发展如何影响居民消费 [J]. 财贸经济，2020（8）：65 – 79.

[32] 侯层，李北伟. 金融科技是否提高了全要素生产率——来自北京大学数字普惠金融指数的证据 [J]. 财经科学，2020（12）：1 – 12.

[33] 何婧，李庆海. 数字金融使用与农户创业行为 [J]. 中国农村经济，2019（1）：112 – 126.

[34] 黄群慧，余泳泽，张松林. 互联网发展与制造业生产率提升：内在机制与中国经验 [J]. 中国工业经济，2019（8）：5 – 23.

[35] 黄宪，刘岩，童韵洁. 金融发展对经济增长的促进作用及其持续性研究——基于英美、德国、法国法系的比较视角 [J]. 金融研究，2019（12）：147 – 168.

[36] 黄益平. 数字金融发展对金融监管的挑战 [J]. 清华金融评论，2017（8）：63 – 66.

[37] 黄益平，黄卓. 中国的数字金融发展：现在与未来 [J]. 经济学（季刊），2018，17（4）：1489 – 1502.

［38］黄益平，陶坤玉．中国的数字金融革命：发展、影响与监管启示［J］．国际经济评论，2019（6）：24－35＋5．

［39］金环，于立宏．数字经济、城市创新与区域收敛［J］．南方经济，2021（12）：21－36．

［40］金融稳定理事会．金融科技的全景描述与分析框架报告［R］．2016．

［41］江红莉，蒋鹏程．数字普惠金融的居民消费水平提升和结构优化效应［J］．现代财经（天津财经大学学报），2020，40（10）：18－32．

［42］江艇，孙鲲鹏，聂辉华．城市级别、全要素生产率和资源错配［J］．管理世界，2018，34（3）：38－50＋77＋183．

［43］江鑫，黄乾．乡村公路、人口城市化与乡村包容性经济增长［J］．南方经济，2020（4）：62－83．

［44］姜南，李鹏媛，欧忠辉．知识产权保护、数字经济与区域创业活跃度［J］．中国软科学，2021（10）：171－181．

［45］克里斯·安德森，乔江涛．长尾理论［M］．石晓燕，译．北京：中信出版社，2012．

［46］龙海明，李瑶，吴迪．数字普惠金融对居民消费的影响研究："数字鸿沟"还是"数字红利"？［J］．国际金融研究，2022（5）：3－12．

［47］梁榜，张建华．数字普惠金融发展能激励创新吗？——来自中国城市和中小企业的证据［J］．当代经济科学，2019，41（5）：74－86．

［48］梁婧，张庆华，龚六堂．城市规模与劳动生产率：中国城市规模是否过小——基于中国城市数据的研究［J］．经济学（季刊），2015，14（3）：1053－1072．

［49］梁文泉，陆铭．城市人力资本分化：探索不同技能劳动者的互补与空间效应［J］．经济社会体制比较，2015（3）：185－197．

［50］李春涛，闫续文，宋敏，等．金融科技与企业创新——新三板上市公司的证据［J］．中国工业经济，2020（1）：81－98．

［51］李富强，董直庆，王林辉．制度主导、要素贡献和我国经济增长动力的分类检验［J］．经济研究，2008（4）：53－65．

［52］李宏彬，李杏，姚先国，等．企业家的创业与创新精神对中国经济增长的影响［J］．经济研究，2009，44（10）：99－108.

［53］李佳，段舒榕．数字金融减轻了企业对银行信贷的依赖吗？［J］．国际金融研究，2022（4）：88－96.

［54］李静静，乐菲菲．中国城镇化进程与经济增长关系的实证研究［J］．统计研究，2011，28（9）：80－87.

［55］李建军，韩珣．普惠金融、收入分配和贫困减缓——推进效率和公平的政策框架选择［J］．金融研究，2019（3）：129－148.

［56］李建军，姜世超．银行金融科技与普惠金融的商业可持续性——财务增进效应的微观证据［J］．经济学（季刊），2021，21（3）：889－908.

［57］李建军，彭俞超，马思超．普惠金融与中经济发展：多维度内涵与实证分析［J］．经济研究，2020，55（4）：37－52.

［58］李建军，王德．搜寻成本、网络效应与普惠金融的渠道价值——互联网借贷平台与商业银行的小微融资选择比较［J］．国际金融研究，2015（12）：56－64.

［59］李青原，陈世来，陈昊．金融强监管的实体经济效应——来自资管新规的经验证据［J］．经济研究，2022，57（1）：137－154.

［60］李永刚．文化经济学的分析方法［J］．学术月刊，2013，45（5）：81－89.

［61］雷蒙德·W·戈德史密斯．金融结构与金融发展［M］．周巧，译．上海：上海人民出版社，1996.

［62］罗伯特·J．巴罗，夏威尔·萨拉－伊－马丁．经济增长（第二版）［M］．夏俊，译．上海：格致出版社，2019.

［63］罗纳德·麦金农．经济发展中的货币与资本［M］．卢强，等译．上海：上海人民出版社，1997.

［64］W. W. 罗斯托．经济增长理论史［M］．陈春良，等译．杭州：浙江大学出版社，2016.

［65］卢峰，姚洋．金融压抑下的法治、金融发展和经济增长［J］．中国社会科学，2004（1）：42－55＋206.

［66］廖凯诚，张玉臣，彭耿．数字普惠金融对城市金融业全要素生产率的影响机制研究［J］．当代财经，2021（12）：65－76.

［67］廖婧琳，周利．数字普惠金融、受教育水平与家庭风险金融资产投资［J］．现代经济探讨，2020（1）：42－53.

［68］刘秉镰，李清彬．中国城市全要素生产率的动态实证分析：1990—2006——基于 DEA 模型的 Malmquist 指数方法［J］．南开经济研究，2009（3）：139－152.

［69］刘孟飞，王琦．互联网金融对商业银行绩效的影响机理与异质性研究［J］．经济理论与经济管理，2021，41（8）：78－95.

［70］刘潭，徐璋勇，张凯莉．数字金融对经济发展与生态环境协同性的影响［J］．现代财经，2022，42（1）：21－36.

［71］刘元春．经济制度变革还是产业结构升级——论中国经济增长的核心源泉及其未来改革的重心［J］．中国工业经济，2003（9）：5－13.

［72］林瑶鹏，林柳琳，高琦，等．数字普惠金融发展与流动人口创业——来自全国流动人口动态监测调查的证据［J］．当代财经，2022（4）：65－75.

［73］N．格里高利·曼昆．宏观经济学（第十一版）［M］．卢远瞩，译．中国人民大学出版社，2024.

［74］聂秀华，江萍，郑晓佳，等．数字金融与区域技术创新水平研究［J］．金融研究，2021（3）：132－150.

［75］黎文靖，郑曼妮．实质性创新还是策略性创新？——宏观产业政策对微观企业创新的影响［J］．经济研究，2016，51（4）：60－73.

［76］潘爽，叶德珠，叶显．数字金融普惠了吗——来自城市创新的经验证据［J］．经济学家，2021（3）：101－111.

［77］邱晗，黄益平，纪洋．金融科技对传统商业银行行为的影响——基于互联网理财的视角［J］．金融研究，2018（11）：17－29.

［78］钱海章，陶云清，曹松威，等．中国数字金融发展与经济增长的理论与实证［J］．数量经济技术经济研究，2020，37（6）：26－46.

［79］戚聿东，褚席．数字生活的就业效应：内在机制与微观证据［J］．

财贸经济，2021，42（4）：98－114.

［80］冉光和，唐滔．数字普惠金融对社会就业的影响——基于企业性质和行业的异质性考察［J］．改革，2021（11）：1－14.

［81］盛斌，毛其淋．贸易开放、国内市场一体化与中国省际经济增长：1985—2008［J］．世界经济，2011（11）：44－66.

［82］宋冬林，王林辉，董直庆．资本体现式技术进步及其对经济增长的贡献率（1981—2007）［J］．中国社会科学，2011（2）：91－106＋222.

［83］申广军，欧阳伊玲，李力行．技能结构的地区差异：金融发展的视角［J］．金融研究，2017（7）：45－61.

［84］随洪光．外资进入，贸易扩张与中国经济质量提升——基于省际动态面板模型的经验分析［J］．财贸经济，2013（9）：85－94.

［85］单豪杰．中国资本存量K的再估算：1952—2006年［J］．数量经济技术经济研究2008（10）：17－31.

［86］宋敏，周鹏，司海涛．金融科技与企业全要素生产率——"赋能"和信贷配给的视角［J］．中国工业经济，2021（4）：138－155.

［87］宋晓玲．数字普惠金融缩小城乡收入差距的实证检验［J］．财经科学，2017（6）：14－25.

［88］沈悦，郭品．互联网金融、技术溢出与商业银行全要素生产率［J］．金融研究，2015（3）：160－175.

［89］孙大明，原毅军．空间溢出视角下的协同创新与区域产业升级［J］．统计研究，2019，36（10）：100－114.

［90］孙玉环，张汀昱，王雪妮，等．中国数字普惠金融发展的现状、问题及前景［J］．数量经济技术经济研究，2021，38（2）：43－59.

［91］孙友晋，王思轩．数字金融的技术治理：风险、挑战与监管机制创新——以基于区块链的非中心结算体系为例［J］．电子政务，2020（11）：99－107.

［92］孙志红，琚望静．数字金融的结构效应：风险抑制还是助推［J］．产业经济研究，2022（2）：128－142.

［93］滕磊，马德功．数字金融能够促进高质量发展吗？［J］．统计研

究，2020，37（11）：80 - 92.

[94] 田萍，张鹤. 资本红利对中国经济增长的贡献估算与节点预测 [J]. 学术月刊，2017，49（1）：57 - 65.

[95] 唐松，赖晓冰，黄锐. 金融科技创新如何影响全要素生产率：促进还是抑制？——理论分析框架与区域实践 [J]. 中国软科学，2019（7）：134 - 144.

[96] 唐松，伍旭川，祝佳. 数字金融与企业技术创新——结构特征、机制识别与金融监管下的效应差异 [J]. 管理世界，2020，36（5）：52 - 66 + 9.

[97] 汤向俊. 资本深化、人力资本积累与中国经济持续增长 [J]. 世界经济，2006（8）：57 - 64.

[98] 万佳彧，周勤，肖义. 数字金融、融资约束与企业创新 [J]. 经济评论，2020（1）：71 - 83.

[99] 吴敬琏. 中国增长模式抉择（增订版）[M]. 上海：远东出版社，2008.

[100] 吴善东. 数字普惠金融的风险问题、监管挑战及发展建议 [J]. 技术经济与管理研究，2019（1）：66 - 69.

[101] 吴国培，王伟斌，张习宁. 新常态下中国增长潜力分析 [J]. 金融研究，2015（8）：46 - 63.

[102] 吴雨，李晓，李洁，等. 数字金融发展与家庭金融资产组合有效性 [J]. 管理世界，2021，37（11）：92 - 104 + 7.

[103] 王俊豪，周晟佳. 中国数字产业发展的现状、特征及其溢出效应 [J]. 数量经济技术经济研究，2021，38（3）：23 - 41.

[104] 王勋，黄益平，苟琴，等. 数字技术如何改变金融机构：中国经验与国际启示 [J]. 国际经济评论，2021（9）：71 - 87.

[105] 王修华，何梦，关键. 金融包容理论与实践研究进展 [J]. 经济学动态，2014（11）：115 - 129.

[106] 王永仓，温涛. 数字金融的经济增长效应及异质性研究 [J]. 现代经济探讨，2020（11）：56 - 69.

[107] 王小鲁，樊纲. 中国经济增长的可持续性——跨世纪的回顾与展

望［M］.北京：经济科学出版社，2000.

［108］汪小勤，汪红梅."人口红利"效应与中国经济增长［J］.经济学家，2007（1）：104－110.

［109］汪亚楠，谭卓鸿，郑乐凯.数字普惠对社会保障的影响研究［J］.数量经济技术经济研究，2020，37（7）：92－112.

［110］汪亚楠，叶欣，许林.数字金融能提振实体经济吗［J］.财经科学，2020（3）：1－13.

［111］武志.金融发展与经济增长：来自中国的经验分析［J］.金融研究，2010（5）：58－68.

［112］徐佳，崔静波.低碳城市和企业绿色技术创新［J］.中国工业经济，2020（12）：178－196.

［113］熊健，张晔，董晓林.金融科技对商业银行经营绩效的影响：挤出效应还是技术溢出效应［J］.经济评论，2021（3）：89－104.

［114］薛涧坡，张网.积极财政政策：理论发展、政策实践与基本经验［J］.财贸经济，2018，39（10）：30－41.

［115］谢平，刘海二.ICT、移动支付与电子货币［J］.金融研究，2013（10）：1－14.

［116］谢平，邹传伟.互联网金融模式研究［J］.金融研究，2012（12）：11－22.

［117］肖威.数字普惠金融能否改善不平衡不充分的发展局面？［J］.经济评论，2021（5）：50－64.

［118］许宪春，张钟文，常子豪，等.中国分行业全要素生产率估计与经济增长动能分析［J］.世界经济，2020（2）：25－48.

［119］谢绚丽，沈艳，张皓星，等.数字金融能促进创业吗？——来自中国的证据［J］.经济学（季刊），2018，17（4）：1557－1580.

［120］徐现祥，舒元.基于对偶法的中国全要素生产率核算［J］.统计研究，2009，26（7）：78－86.

［121］星焱.普惠金融：一个基本理论框架［J］.国际金融研究，2016（9）：21－37.

[122] 严成樑. 资本投入对我国经济增长的影响——基于拓展的 MRW 框架的分析 [J]. 数量经济技术经济研究, 2011, 28 (6): 3 - 20.

[123] 严成樑. 现代经济增长理论的发展脉络与未来展望 [J]. 经济研究, 2020, 55 (7): 191 - 208.

[124] 闫东升, 王玥, 孙伟, 等. 区域经济增长驱动因素与空间溢出效应的对比研究 [J]. 地理研究, 2021, 40 (11): 3137 - 3153.

[125] 袁航, 朱承亮. 国家高新区推动了中国产业结构转型升级吗 [J]. 中国工业经济, 2018 (8): 60 - 77.

[126] 易行健, 周利. 数字普惠金融发展是否显著影响了居民消费——来自中国家庭的微观证据 [J]. 金融研究, 2018 (11): 47 - 67.

[127] 杨慧梅, 江璐. 数字经济、空间效应与全要素生产率 [J] 统计研究, 2021 (4): 3 - 15.

[128] 姚洋. 发展经济学 (第二版) [M]. 北京: 北京大学出版社, 2018.

[129] 杨望, 徐慧琳, 谭小芬, 等. 金融科技与商业银行效率——基于 DEA - Malmquist 模型的实证研究 [J]. 国际金融研究, 2020 (7): 56 - 65.

[130] 杨伟明, 粟麟, 孙瑞立, 等. 数字金融是否促进了消费升级?——基于面板数据的证据 [J]. 国际金融研究, 2021 (4): 13 - 22.

[131] 杨先明, 秦开强. 资本积累对中国经济增长的重要性改变了吗? [J]. 经济与管理研究, 2015, 36 (10): 3 - 9.

[132] 余进韬, 张蕊, 龚星宇. 数字金融如何影响绿色全要素生产率?——动态特征、机制识别与空间效应 [J]. 当代经济科学, 2022, 44 (6): 42 - 56.

[133] 余泳泽. 改革开放以来中国经济增长动力转换的时空特征 [J]. 数量经济技术经济研究, 2015, 32 (2): 19 - 34.

[134] 余泳泽. 异质性视角下中国省际全要素生产率再估算: 1978—2012 [J]. 经济学 (季刊), 2017, 16 (3): 1051 - 1072.

[135] 余泳泽, 胡山. 中国经济高质量发展的现实困境与基本路径: 文献综述 [J]. 宏观质量研究, 2018, 23 (4): 1 - 17.

［136］尹志超，刘泰星，张逸兴．数字金融促进了居民就业吗?［J］.
福建论坛（人文社会科学版），2021（2）：98 – 112.

［137］尹振涛，李俊成，杨璐．金融科技发展能提升农村家庭幸福感
吗?——基于幸福经济学的研究视角［J］.中国农村经济，2021（8）：63 – 79.

［138］赵涛，张智，梁上坤．数字经济，创业活跃度与高质量发展——
来自中国城市的经验证据［J］.管理世界，2020，36（10）：65 – 75.

［139］张呈磊，郭忠金，李文秀．数字普惠金融的创业效应与收入不平
等：数字红利还是数字鸿沟［J］.南方经济，2021（5）：110 – 126.

［140］张军，金煜．中国的金融深化和生产率关系的再检测：1987—
2001［J］.经济研究，2005（11）：34 – 45.

［141］张军，吴桂英，张吉鹏．中国省际物质资本存量估算：1952—
2000［J］.经济研究，2004（10）：35 – 44.

［142］张洪鸣，孙铁山．中国城市群城市经济增长的网络外部性及其作
用机制［J］.经济与管理研究，2022，43（2）：48 – 64.

［143］张蕊，余进韬．数字金融、营商环境与经济增长［J］.现代经济
探讨，2021（7）：1 – 9.

［144］张伟丽，叶信岳，李栋，等．网络关联、空间溢出与中国区域经
济增长——基于腾讯位置大数据的研究［J］.地理科学，2019，39（9）：
1371 – 1377.

［145］张璇，李子健，李春涛．银行业竞争、融资约束与企业创新——
中国工业企业的经验证据［J］.金融研究，2018（10）：98 – 116.

［146］张勋，万广华．中国的农村基础设施促进了包容性增长吗［J］.
经济研究，2016，51（10）：82 – 96.

［147］张勋，万广华，郭峰．数字金融：中国经济发展的新引擎［M］.
北京：社会科学文献出版社，2021.

［148］张勋，万广华，吴海涛．缩小数字鸿沟：中国特色数字金融发展
［J］.中国社会科学，2021（8）：35 – 51 + 204 – 205.

［149］张勋，万广华，张佳佳，等．数字经济、普惠金融与包容性增长
［J］.经济研究，2019，54（8）：71 – 86.

［150］张勋，王旭，万广华，等．交通基础设施促进经济增长的一个综合框架［J］．经济研究，2018，53（1）：50 - 64.

［151］张勋，杨桐，汪晨，等．数字金融发展与居民消费增长：理论与中国实践［J］．管理世界，2020，36（11）：48 - 63.

［152］郑万腾，赵红岩，范宏．数字金融发展对区域创新的激励效应研究［J］．科研管理，2021，42（4）：138 - 146.

［153］曾湘泉，郭晴．数字金融发展能否促进返乡农民工再就业？——基于中国劳动力动态追踪调查（CLDS）的经验分析［J］．经济理论宇经济管理，2022，42（4）：12 - 26.

［154］周芸，陈铭翔．数字渗透、金融普惠与家庭财富增长［J］．财经研究，2021，47（7）：33 - 47.

［155］朱一鸣，王伟．普惠金融如何实现精准扶贫［J］．财经研究，2017，43（10）：43 - 54.

［156］朱子云．中国经济增长的动力转换与政策选择［J］．数量经济技术经济研究，2017，34（3）：3 - 20.

［157］朱子云．中国经济增长质量的变动趋势和提升动能分析［J］．数量经济技术经济研究，2019，36（5）：23 - 43.

［158］Acemoglu D. Technical Change, Inequality, and the Labor Market［J］. Journal of Economic Literature, 2002, 40: 7 - 72.

［159］Acemoglu D. Introduction to Modern Economic Growth［M］. Princeton University Press, 2009.

［160］Aghion P, Howitt P. A Model of Growth Through Creative Destruction［J］. Econometrica, 1992, 60: 323 - 351.

［161］Aghion P. Schumpeterian Growth Theory and the Dynamics of Income Inequality［J］. Econometrica, 2002, 70: 855 - 882.

［162］Aghion P, Fally T, Scarpetta. Credit Constraints as a Barrier to the Entry and Post-Entry Growth of Firms［J］. Economic Policy, 2007, 22 (52): 731 - 779.

［163］Aghion P, Howitt P. The Economics of Growth［M］. MIT Press, 2009.

［164］ Ahlstrom D, Bruton G D. Rapid Institution Shifts and the Co-Evolution of Entrepreneurial Firms in Transition Economies ［J］. Entrepreneurship Theory & Practice, 2010, 34 (3): 531 –554.

［165］ Ali I, Son H H. Measuring Inclusive Growth ［J］. Asian Development Review, 2007, 24 (1): 11 –31.

［166］ Arrow K J. The Economic Implications of Learning by Doing ［J］. Review of Economic Studies, 1962, 29: 155 –173.

［167］ Arvanitis S, Loukis E. Employee Education, Information and Communication Technologies, Workplace Organization, and Trade: A Comparative Analysis of Greek and Swiss Firms ［J］. Industrial and Corporate Change, 2015, 24 (6): 1417 –1442.

［168］ Atkinson A, Messy F. Promoting Financial Inclusion through Financial Education: OECD/INFE Evidence, Policies and Practice ［Z］. OECD Working Papers.

［169］ Balsmeier B, Woerter M. Is This Time Different? How Digitalization Influences Job Creation and Destruction ［J］. Research Policy, 2019, 48 (8), 103765.

［170］ Banerjee A V, Newman A F. Occupational Choice and the Process of Development ［J］. Journal of Political Economy, 1993, 101: 274 –289.

［171］ Banerjee A V. The Miracle of Microfinance? Evidence from a Randomized Evaluation ［Z］. NBER Working Paper, No. w18950.

［172］ Beck T, Demirguc-Kunt A, Peria M S M. Reaching out: Access to and Use of Banking Services across Countries ［J］. Journal of Financial Economics, 2007, 85 (1): 234 –266.

［173］ Beck T, Demirguc-Kunt A. Banking Services for Everyone? Barriers to Bank Access and Use around the World ［J］. World Bank Economic Review, 2008, 22 (3): 397 –430.

［174］ Beck T, Chen T, Lin C, Song F M. Financial Innovation: The Bright and The Dark Sides ［J］. Journal of Banking & Finance, 2016, 72 (4): 28 –51.

［175］Becker G S, Barro R J. A Reformulation of the Economic Theory of Fertility ［J］. Quarterly Journal of Economics, 1988, 103: 1 - 25.

［176］Berger A N. The Economic Effects of Technological Progress: Evidence from the Banking Industry ［J］. Journal of Money, Credit, and Banking, 2003, 35（2）: 141 - 176.

［177］Bernanke B S, Gertler M, Gilchrist S. The Financial Accelerator in a Quantitative Business Cycle Framework. Handbook of Macroeconomics, 1999, 1, 1341 - 1393.

［178］Blanchard O. Debt, Deficits, and Finite Horizons ［J］. Journal of Political Economy, 1985, 93: 223 - 247.

［179］Bloom D E. Economic Growth and the Demographic Transition ［Z］. the NBER Working Paper.

［180］Brealey R, Leland H E, Pyle D H. Informational Asymmetries, Financial Structure, and Financial Intermediation ［J］. The Journal of Finance, 1977, 32, 371 - 387.

［181］Butler A W, Cornaggia J. Does Access to External Finance Improve Productivity? Evidence from a Natural Experiment ［J］. Journal of Financial Economics, 2011, 99（1）: 184 - 203.

［182］Card D, Krueger A. School Resources and Student Outcomes: An Overview of the Literature and New Evidence from North and South Carolina ［Z］. Working Papers, 1996, No. 745.

［183］Cameron C A, Miller D L. A Practitioner's Guide to Cluster-Robust Inference ［J］. Journal of Human Resources, 2015, 50（2）: 317 - 372

［184］Campbell J Y. Household Finance ［J］. Journal of Finance, 2006, 61: 1553 - 1604.

［185］Cass D. Optimum Growth in an Aggregative Model of Capital Accumulation ［J］. Review of Economic Studies, 1965, 32: 233 - 240.

［186］Coase R H. The Nature of the Firm ［J］. Economica, 1937, 4（16）, 386 - 405.

［187］ Demirguc-Kunt A, Kapper L. Measuring Financial Inclusion: The Global Findex Database ［Z］. Policy Research Working Paper Series, No. 6025.

［188］ Diamond D W. Financial Intermediation and Delegated Monitoring ［J］. Review of Economic Studies, 1984, 25 (5), 393 – 414.

［189］ Evans W N, Oates W E, Schwab R M. Measuring Peer Group Effects: A Study of Teenage Behavior ［J］. Journal of Political Economics, 1992, 100 (5): 966 – 991.

［190］ Fama E F. Agency Problems and the Theory of the Firm ［J］. The Journal of Political Economy, 1980, 88 (2), 288 – 307.

［191］ Feldman M, Hadjimichael T, Kemeny T. The logic of economic development: a definition and model for investment ［J］. Environment & Planning, 2016, 34 (1): 5 – 21.

［192］ Fu J, Liu R, Chen R, et al. Trade Openness, Internet Development and Banking Sector Development in China ［J］. Economic Modelling, 2019, 91 (C), 670 – 678.

［193］ Fuster A, Plosser M, Schnabl P, et al. The Role of Technology in Mortgage Lending ［J］. Review of Financial Studies, 2019, 32 (5): 1854 – 1899.

［194］ Ghasemaghaei M, Calic G. Assessing the Impact of Big Data on Firm Innovation Performance: Big Data is not always Better Data ［J］. Journal of Business Reaearch, 2020, 108 (C): 147 – 162.

［195］ Goldfarb A, Tucker G. Digital Economics ［J］. Journal of Economic Literature, 2019, 57 (1): 3 – 43.

［196］ Goldsmith R W. Financial Structure and Development ［M］. Yale University Press, 1969.

［197］ Gomber P, Koch J A, Siering M. Digital Finance and FinTech: Current Research and Future Research Directions ［J］. Journal of Business Economics, 2017, 87 (5), 537 – 580.

［198］ Goos M, Manning A, Salomons A. Job Polarization in Europe ［J］. American Economic Review, 2009, 99 (2): 58 – 63.

[199] Graetz G, Michaels G. Robots at Work [J]. Review of Economics Statistics, 2018, 100 (5): 753 – 768.

[200] Gurley J G, Shaw E S. Financial Aspects of Economic Development [J]. American Economic Review, 1955, 45 (4): 515 – 538.

[201] Gurley J G, Shaw E S. Financial Intermediaries and the Saving-Investment Process [J]. Journal of Finance, 1956, 11 (2), 257 – 276.

[202] Gylfason T. Natural Resource, Education, and Economic Development [J]. European Economic Review, 2001, 45 (4 – 6): 847 – 859.

[203] Hajek P, Henriques R. Mining Corporate Annual Reports for Intelligent Detection of Financial Statement Fraud: A Comparative Study of Machine Learning Methods [J]. Knowledge-Based Systems, 2017, 128: 139 – 3152.

[204] Hellmann T, Murdock K, Stiglitz J. Finance Restraint: Toward a New Paradigm [R]. in The Role of Government in East Asian Economic Development Comparative Institutional Analysis, edited by Aoki M, Kim and Okuno-Fujiwaza M, Clarendon Press, 1997: 163 – 207.

[205] Horn G, Logeay C, Tober S. Methodological issues of medium-term macroeconomic projections—the case of potential out-put [Z]. IMF Working Paper, 2007, No. 4.

[206] Huang Y, Ge T. Assessing China' s Financial Reform: Changing Roles of the Repressive Financial Policies [J]. Cato Journal, 2019, 30 (1): 65 – 85.

[207] Joe-Wang C, Sen S. Harnessing the Power of the Cloud: Revenue, Fairness, and Cloud Neutrality [J]. Journal of Management Information Systems, 2018, 35 (3): 813 – 836.

[208] Johnson P R, Hirshleifer J. Investment, Interest, and Capital [J]. Economic Journal, 1970, 53 (1): 6371 – 6378.

[209] Jorgenson D W, Ho M S, Stiroh K J. A Retrospective Look at the US Productivity Growth Resurgence [J]. Journal of Economic Perspective, 2008, 22 (1): 3 – 24.

［210］ Kaldor N. Capital Accumulation and Economic Growth ［C］. In Lutz F. A. , Hague D. C. , eds, Proceedings of a Conference Held by the International Economics Association, London: Macmillan, 1963.

［211］ King R G, Levine R. Finance and Growth: Schumpeter Might Be Right ［J］. Quarterly Journal of Economics, 1993, 108 (3): 717 – 737.

［212］ Klenow P J, Rodriguez C A. Economic Growth: A Review Essay ［J］. Journal of Monetary Economics, 1997, 40 (3): 597 – 617.

［213］ Koopmans T C. On the Concept of Optimum Economic Growth. The Econometric Approach to Development Planning. Amsterdam: North Holland, 1965.

［214］ Krugman P. Increasing Returns and Economic Geography ［J］. Journal of Political Economy, 1991 (3): 483 – 499.

［215］ Kuznets S. Modern Economic Growth: Findings and Reflections ［J］. American Economic Review, 1973, 69 (6): 247 – 258.

［216］ Laeven L, Levine R, Michalopoulos S. Financial Innovation and Endogenous Growth ［Z］. Economics Working Papers, 24, 1 – 24.

［217］ Lee C C, Li X, Yu C H. Does fintech innovation improve bank eficiency? Evidence from China's banking industry ［J］. International Review of Economics & Finance, 2021, 74: 468 – 483.

［218］ LeSage J, Pace R K. Introduction to Spatial Econometrics ［M］. CRC Press, 2009.

［219］ Levine R. Financial and Growth: Theory and Evidence. Handbook of Economic Growth, 2005 (1): 865 – 934.

［220］ Lin M, Prabhala N, Viswanathan S. Judging Borrowers by the Company They Keep: Friendship Networks and Information asymmetry in Online Peer-to-Peer Lending ［J］. Management Science, 2013, 59 (1): 17 – 35.

［221］ Lucas R E. On the Mechanics of Economic Development ［J］. Journal of Monetary Economics, 1988, 22 (1): 3 – 42.

［222］ Mauro P. Corruption and Growth ［J］. The Quarterly Journal of Economics, 1995, 90 (3): 681 – 712.

［223］Mckinnon R I. Money and Capital in Economic Development ［M］. Brookings Institution Press, 1973.

［224］Merton R C, Bodie Z. The Global Financial System ［M］. Harvard Business School Press, 1995.

［225］Nunn N, Qian N. U. S. Food Aid and Civil Conflict ［J］. American Economic Review, 2014, 104 (6): 1630 – 1666.

［226］Oster E. Unobservable Selection and Coefficient Stability: Theory and Evidence ［J］. Journal of Business & Economic Statistics, 2019, 37 (2): 187 – 204.

［227］Philippon T. On Fintech and Financial Inclusion ［Z］. NBER Working Paper, No26330.

［228］Ramsey F. A Mathematical Theory of Saving ［J］. Economic Journal, 1928, 38: 543 – 559.

［229］Rauniyar G P, Kanbur R. Inclusive Development: Two Papers on Conceptualization, Application, and the ADB Perspective ［Z］. Working Papers, 2010, 72 (72): 523 – 583.

［230］Romer P M. Increasing Returns and Long-Run Growth ［J］. Journal of Political Economy, 1986, 94: 1002 – 1037.

［231］Romer P M. Growth Based on Increasing Returns Due to Specialization ［J］. American Economic Review, 1987, 77: 56 – 62.

［232］Romer P M. Endogenous Technological Change ［J］. Journal of Political Economy, 1990, 98: 71 – 102.

［233］Sachs J D, Warner A. Natural Resource Abundance and Economic Growth ［Z］. NBER Working Paper, No. 5398, 1995.

［234］Sarma M. Index of Financial Inclusive: A Measure of Financial Sector Inclusiveness ［Z］. Berlin Working Papers on Money, Finance, Trade and Development, 2012, No. 07.

［235］Saunders A, Cornett M M. Financial Markets and Institutions, Seventh Edition ［M］. McGraw-Hill Education Press, 2019.

［236］Singh M, De S, Sarkar S, et al. Finance, Growth and Inequality: Channels and Outcomes ［R］. Social Science Research Network, 2010.

［237］Solow R M. A Contribution to the Theory of Economic Growth ［J］. Quarterly Journal of Economics, 1956, 70: 65 – 94.

［238］Stulz R. FinTech, BigTech, and the Future of Banks ［J］. Journal of Applied Corporate Finance, 2019, 31 (4): 86 – 97.

［239］Swan T W. Economic Growth and Capital Accumulation ［J］. Economic Record, 1956, 32: 334 – 361.

［240］Taskin F, Zaim O. The Role of International Trade on Environmental Efficiency: A DEA Approach ［J］. Economic Modelling, 2001, 18 (1), 1 – 17.

［241］Thakor A V. Fintech and Banking: What Do We Know? ［J］. Journal of Financial Intermediation, 2020, 41 (1): 1 – 13.

［242］Yilmaz S, Haynes K E, Dinc M. Geographic and Network Neighbors: Spillover Effects of Telecommunications Infrastructure ［J］. Journal of Regional Science, 2002, 42 (2): 339 – 360.